Rudolf Virchow

Goethe als Naturforscher und in besonderer Beziehung zu Schiller

Eine Rede nebst Erläuterungen

Rudolf Virchow

Goethe als Naturforscher und in besonderer Beziehung zu Schiller
Eine Rede nebst Erläuterungen

ISBN/EAN: 9783743461093

Hergestellt in Europa, USA, Kanada, Australien, Japan

Cover: Foto ©ninafisch / pixelio.de

Manufactured and distributed by brebook publishing software (www.brebook.com)

Rudolf Virchow

Goethe als Naturforscher und in besonderer Beziehung zu Schiller

Göthe als Naturforscher

und

in besonderer Beziehung auf Schiller.

Eine Rede nebst Erläuterungen

von

Rudolf Virchow.

Mit drei Holzschnitten.

Berlin 1861.
Verlag von August Hirschwald.
69 Unter den Linden (Ecke der Schadowstr.).

Vorwort.

Im Anfange dieses Jahres wurde auf Anregung des zur Errichtung eines Göthe-Denkmals in Berlin zusammengetretenen Comité's eine Reihe von Vorlesungen im Saale der Singakademie gehalten, welche den Zweck hatten, das Verständniß eines Mannes, der so Vielen nahe steht und doch fast jedem eine unbekannte Seite zuwendet, einem größeren Kreise zu erschließen. Die nachstehende Vorlesung war der Zeit nach die erste in dieser Reihe. Sie wurde am 7. Februar gehalten, war aber ursprünglich für den 10. November, Schiller's Geburtstag, bestimmt gewesen. Aeußere Verhältnisse hatten den Beginn der Vorlesungen aufgehalten, indeß konnte das den Verfasser nicht bestimmen, wesentliche Aenderungen vorzunehmen, nicht bloß, weil der gesammte Gedankengang einmal darauf angelegt war, die

an und für sich so anziehende Beziehung auf
Schiller mit in den Vordergrund treten zu lassen,
sondern hauptsächlich deßhalb, weil dieser Gedanken=
gang eine innere Berechtigung, ja man kann sagen,
eine innere Nöthigung hat. Ueberdieß ist er in
manchen Richtungen neu und zugleich geht er auf
Fragen von höchstem psychologischem Werthe.
Wie ward der Dichter Naturforscher? Wie ge=
wann er gerade den Mann als allernächsten
Freund, der die Naturforschung verlassen hatte,
um ein Dichter zu werden?

Ein anderer hätte dieses psychologische Ge=
mälde wahrscheinlich anders ausgeführt. Für den
Naturforscher, der die Anschauung, die Thatsache,
den Beweis über Alles zu schätzen gewohnt ist,
gab es keine Wahl. Er hat sich redlich bemüht,
das Bild der beiden Männer in den entscheiden=
den Epochen ihrer Entwickelung so gegenständlich
als möglich zu zeichnen; er hat es häufig vor=
gezogen, sie selbst sprechen zu lassen; auch sind
überall die Beweisstellen angegeben, welche für
die Darstellung benutzt sind. Der Verfasser weiß
es wohl, daß die Rede dadurch ungleich, unter=
brochen, ja zuweilen schwerfällig geworden ist,

aber er hat geglaubt, daß gerade auf diesem, so vielfach vernachlässigten Gebiete es mehr auf Treue, als auf Schönheit der Darstellung ankomme.

Indeß war der Stoff zu groß, um im Laufe einer kurzen Abendstunde in allen Einzelnheiten, die doch wissenswerth sind, vorgeführt werden zu können. Es sind daher hier am Schlusse der Rede mehrere erläuternde und beweisende Beilagen, zum Theil vom Standpunkte der strengeren Forschung aus bearbeitet, beigegeben worden, Beilagen, welche vielleicht auch für die Geschichte der deutschen Wissenschaft einigen Werth haben dürften, da sie eine der wichtigsten Entwickelungsepochen und die gegenseitigen Anregungen vieler der bestimmenden Persönlichkeiten beleuchten.

Diese Beilagen sind folgende:
I. Farbenlehre (S. 69).
II. Der Dichter als Naturforscher (S. 73).
III. Zwischenkiefer (S. 75).
IV. Göthe's Naturauffassung (S. 92).
V. Straßburger Lektüre (S. 88).
VI. Lavater und die Physiognomik (S. 89).
VII. Die Wirbeltheorie des Schädels (S. 103).
VIII. Die Priorität d. Entdeckung d. Wirbeltheorie (S.112).
IX. Albertus Magnus (S. 120).
X. Kielmeyer und Cuvier (S. 123).

So lasse ich denn diesen kleinen und doch ziemlich mühevollen Versuch in die Welt hinausgehen, nicht ohne die Hoffnung, daß die Erinnerung an die bewundernswerthe Entwickelungsgeschichte zweier unserer größten Männer dazu beitragen werde, manche Gegensätze zu versöhnen, welche in dem Streit der Gegenwart mit verderblicher Gewalt die Gemüther Vieler gefangen halten. Idealismus und Realismus, Philosophie und Naturwissenschaft — sie finden ihre beglückende Versöhnung in der ästhetischen Entwickelung des Individuums.

Berlin, am 19. Juni 1861.

Göthe als Naturforscher.

Am 14. December 1779 herrschte in der Carlsschule zu Stuttgart die heiterste Feststimmung. Die großen Jahresprüfungen waren beendet, und die Feier des Stiftungstages sollte zugleich denjenigen Eleven, welche die besten Beweise ihres Fleißes geliefert hatten, die öffentlichen Ehren bringen. Denn Herzog Carl wußte es wohl, daß in den jugendlichen Herzen das edle Feuer des Ehrgeizes neue Stärke gewann, indem er die Preisvertheilung unter seinem eigenen Vorsitz, bei gefüllten Gallerien, wie eine wichtige Staatshandlung vor sich gehen ließ. Wenn dann aus der militärisch geschlossenen Linie der Schüler einer nach dem andern hervorgerufen ward, von dem Herzog selbst den Preis in Empfang nehmen und zum Zeichen des Dankes den Rock des Monarchen küssen durfte, so klopfte wohl das Herz rascher, und die Eltern und Freunde empfanden die Ehre, als ob sie auch ihnen widerfuhr.

Diesmal war die Reihe an Friedrich Schiller. Welche Empfindungen mochten die Brust des freiheitsdürstenden Jünglings erfüllen, als er vortrat, eingezwängt in den steifen Paradeanzug, mit Zopf und Papilloten, den Degen an der Seite, den dreieckigen Hut in der Hand! Kaum waren vier Wochen vergangen, seit er — am 10. November — sein einundzwanzigstes Lebensjahr begonnen, und doch wie leidenschaftlich war schon sein Sehnen, eine Anstalt verlassen zu dürfen, welche, wie ein Gefängniß, ihn fast sechs Jahre seines Lebens gefesselt gesehen hatte. Der Wunsch seiner Eltern, ihn zum Theologen zu machen, war an dem mächtigeren Willen des Herzogs gescheitert, der ihn zum Juristen bestimmte, und als es ihm endlich gelungen war, der Juristerei zu entfliehen, hatte er sich selbst die Medicin erwählt. Leuchtete ihm[1]) doch des großen Albrecht v. Haller Vorbild, der nicht nur Mediciner und Staatsmann, sondern auch Dichter war. Rüstig hatte er sich ans Werk gemacht. Schon im Jahre 1778 hatte er den ersten Preis in der Anatomie[2]) erlangt, aber schon ein Jahr früher hatte er angefan-

---

[1]) Carl Hoffmeister Schiller's Leben, Geistesentwickelung und Werke. Stuttg. 1858. I. S. 52.
[2]) C. Hoffmeister Schiller's Leben, ergänzt und herausgegeben von Heinr. Viehoff. Stuttg. 1846. I. S. 53.

gen, die „Räuber" zu dichten, jenes wunderbare Stück, von dem man nicht mit Unrecht gesagt hat, daß es, in Gutem und in Bösem, nirgends den jungen Mediciner verleugne. In so getheilten Studien war die Zeit gekommen, wo er nach dem gewöhnlichen Gang der Dinge die Akademie hätte verlassen sollen. Er hatte seine Preisschrift eingereicht, welche den stolzen Titel führte: Philosophie der Physiologie, aber seine drei Richter hatten sie einstimmig verworfen.[1]) Man hatte dem Verfasser Fleiß und Talent zugestanden; der eine seiner Richter hatte erklärt, „sein alles durchsuchender Geist verspreche nach geendeten jugendlichen Gährungen einen wirklich unternehmenden und nützlichen Gelehrten", ja der Herzog selbst hatte in seiner Ordre vom 13. November erklärt, er werde „gewiß ein recht gutes Subjectum werden."[2]) Aber trotz aller dieser Lobsprüche ward er doch auf ein Jahr zurückgesetzt. Das war sein letztes Geburtstagsgeschenk gewesen: noch ein ganzes, langes Jahr in den Mauern einer Anstalt, die ihm so Vieles bot, aber noch weit mehr, ja das Einzige, wonach er sich sehnte, Muße

---

[1]) Palleske Schiller's Leben und Werke. Berlin 1858. Bd. I. S. 103.

[2]) Heinr. Wagner Geschichte der Hohen Carlsschule. Würzburg 1856. S. 634.

und Freiheit, raubte. Die Räuber gewannen mehr bei dem Jahr, als die Heilkunde, und nicht Alle urtheilten wie der Oberchirurg Klein, daß er das Zeug zu einem Gelehrten habe. Scharffenstein wenigstens, sein damals so geliebter Mitschüler, sagte später von ihm: „Wäre Schiller kein großer Dichter geworden, so war für ihn keine Alternative, als ein großer Mensch im aktiven, öffentlichen Leben zu werden, aber leicht hätte die Festung sein unglückliches, doch gewiß ehrenvolles Loos werden können."

Und noch waren ja die „jugendlichen Gährungen" nicht beendet, als der blasse, kränkliche, so tief erschütterte junge Mann an jenem December-Tag zu dem Herzog trat, um seine Preise zu empfangen. Ihrer drei waren ihm zugefallen, in der Arzneimittellehre, in der äußern und innern Heilkunde je einer. Aber konnte er heute an Arzneimittel, an Chirurgie und Klinik denken, wo neben dem Herzog Carl zwei fremde Gäste standen, deren Erscheinen genügen mußte, die gesammte Jugend der Akademie in Aufruhr zu bringen? War da nicht Carl August von Weimar und mit ihm Wolfgang Göthe? Göthe, dessen Werke längst von den Eleven verschlungen waren? „Nicht gering", sagt Petersen, ein anderer Mitschüler, „war das Aufsehen, das der schöngestaltete, mit genialischer

Kraft auftretende und um sich blickende Mann in der Akademie erregte."¹) Aber es war nicht blos die schöne Gestalt, nicht blos das olympische Haupt, es war der Dichter des Götz, des Werther, des Clavigo, es war der jugendliche Sieger, der mit schaffender Gewalt in Sturm und Drang eine neue Aera geistigen Lebens aus ureigner Kraft begründet hatte. Da stand er, der Liebling der Götter, kaum dreißig Jahre alt, er, auf den die Augen der Nation gerichtet waren, den die Besten aus allen Stämmen Freund zu nennen sich zur Ehre rechneten, den der edelste Fürst in seinen Rath, an seinen Busen gerufen hatte. Wohl mochte die Gewalt der äußeren Erscheinung Alle fesseln an einem Manne, von dem Hufeland erzählte: "Noch nie erblickte man eine solche Vereinigung physischer und geistiger Vollkommenheit in einem Manne, als damals (1776) an Göthe"²), von dem Lavater nach ihrer ersten Begegnung schrieb: "Unaussprechlich süßer, unbeschreiblicher Auftritt des Schauens"³), ja von dem er zu seinem Freunde Zimmermann sagte, er sei der furchtbarste und der

---

¹) Hoffmeister — Viehoff. I. S. 53.
²) Carus Göthe. S. 48.
³) Geßner Leben Lavaters. II. S. 127.

liebenswürdigste Mensch¹). Das begeisterte Auge der Jugend aber schaut ebenso viel, wenn nicht noch mehr, als der prüfende Blick des Physiognomikers, und wie es sich erhob zur bewundernden Betrachtung jener mächtigen und doch so schönen Stirn, hinter deren voller Wölbung schon damals die Entwürfe des Faust, des Egmont, des Wilhelm Meister, der Iphigenie sich ordneten, da mochte es wohl den Glanz ruhiger Hoheit ganz aufnehmen, der von da beseligend auf Alles ausstrahlte.

So standen die Zwei einander gegenüber, wie Menschen, die nie zu einander gehören könnten, und da mochte wohl keiner sein unter den vielen Zuschauenden, dem eine Ahnung durch den Kopf flog, dieser gefeierte Dichter werde von der Nachwelt der Realist, dieser arme Mediciner der Idealist genannt

---

¹) Aus Herder's Nachlaß. Herausgegeben von Dünzer und F. G. v. Herder. Frankf. a. M. 1857. II. S. 343. Vergl. Herder's Urtheil. Ebend. III. S. 403. „Göthe liebe ich wie meine Seele" und Heinse's Sämmtl. Werke, herausgeg. von H. Laube. Leipzig 1838. Bd. VIII. S. 118 u. 120. „Ich kenne keinen Menschen aus der ganzen gelehrten Geschichte, der in solcher Jugend so rund und voll von eigenem Genie gewesen wäre wie er. Da ist kein Widerstand; er reißt Alles mit sich fort."

werden, und beide werden dereinſt im Leben mit und
durch einander, im Ehrentempel der Nation neben ein=
ander ihren Platz einnehmen. Sie ſchieden, ohne
ſich geſprochen zu haben. Eine Erregung war die
Begegnung nur für den, der zurückblieb.

Gewiß war ſie eine anhaltende, denn wenige
Wochen ſpäter wurde Göthe's Clavigo zur Auffüh=
rung gebracht und Schiller ſelbſt verſuchte ſich in
der Titelrolle. Mußte ſein Blut nicht in Wallung
gerathen? In dem Geheimniß ſorglich bewachter
Nächte wuchs Akt um Akt jenes flammenreiche Werk
heran, das er ſo lange vorbereitet und das bald
nachher bei ſeinem erſten Erſcheinen alle Leidenſchaften
des Volkes entzündete. Aber noch lag eine ſchwere
Zeit des Zwanges dazwiſchen: das Fachſtudium
mußte vollendet werden. Es war wie eine Mauer
um den Dichterjüngling herumgebaut. Ja, in der
That, er empfand es wie eine Mauer, und überall
brach er Löcher hinein, um der freien Luft Zutritt,
um dem friſchen Gewächs von draußen Eingang zu
verſchaffen. Man ſetzte ihn an das Krankenbett,
aber es war ein Hypochonder, den man ſeiner Sorg=
falt übergab, und nichts hinderte ihn, ſeine Tages=
berichte mit Betrachtungen über das Geiſtesleben des

„unheimlichen Mannes" zu füllen. Er grübelte über dem Problem von dem genauen Bande zwischen Körper und Seele, er stellte sich die Frage, wie der Geist sich aus der Sinnlichkeit entwickele und, seinen Ausgang verleugnend, zur Sittlichkeit fortschreite, und als er endlich dahin kam, seine Dissertation zu schreiben, da war die Medicin bei ihm schon so im Sinken, daß sich in seiner Schrift physiologisches Wissen, philosophische Speculation und dichterisches Anschauen in völlig untrennbarer Innigkeit durchdrangen. Der Humor, der darin liegt, daß jemand auf eine solche Dissertation hin, auf eine Dissertation, in der das Leben Moor's als eine englische Tragödie mit dem Anscheine des höchsten Ernstes und der größten Wahrhaftigkeit citirt wird[1]), zum Regimentsmedicus gemacht werden konnte, wird nur durch den übertroffen, daß Schiller in seiner anonymen Selbstkritik der Räuber von dem Verfasser der letzteren aussagt: „er soll ebenso starke Dosen in Emeticis als in Aestheticis geben und ich möchte ihm lieber zehn Pferde, als meine Frau zur

---

[1]) Außer diesem Citat finden sich nur noch Ferguson's Moralphilosophie, Schlözer's Universal-Historie und Muzell's medicinische und chirurgische Wahrnehmungen aufgeführt.

Cur übergeben." Die Brodwissenschaft konnte dem Regimentsmedicus nichts bieten. Heimlich entfloh er dem wüsten Leben der Garnison. Aber schwere Tage kamen über ihn, und vier Jahre nachher, 1784, als alle Zeichen sich trügerisch erwiesen hatten, da stieg wieder der Gedanke in dem Dichter von Kabale und Liebe, von Fiesco auf, nach Heidelberg zu gehen und das Versäumte in seinem Fache nachzuholen. „Lange schon", so schreibt er, „zog mich mein eigenes Herz zur Medicin zurück"[1]). Er täuschte sich; es war nicht sein Herz, und welches Glück für ihn, daß auch dieser Wunsch ihm fehlschlug. Er war nicht dazu angelegt, ein „großes Subjectum" in den Naturwissenschaften zu werden, und als endlich nach langen Irrfahrten auch ihm die segensreiche Hand Carl August's einen Freihafen in Jena eröffnete, da ward der ernsteste Gegenstand seines Forschens die Philosophie. —

Ob Göthe jemals an seine erste Begegnung mit Schiller erinnert worden ist, erhellt aus keiner uns erhaltenen Notiz. Für ihn mochte wohl der Eindruck ein sehr vorübergehender gewesen sein. Denn er stand an einem großen Wendepunkte seiner eigenen

---

[1]) Hoffmeister. I. S. 232.

inneren Geschichte. Die Reise, welche er eben mit seinem Herzoge durch einen Theil von Deutschland und der Schweiz unternommen hatte, war für ihn Epoche machend. Nicht in dem Sinne, wie der große Haufe sie nahm. Denn Wieland schreibt darüber an Merck[1]): „Das Publikum ist dieser an sich selbst so simpeln und natürlichen Excursion halber unglaublich intriguirt und das Odium Vatinianum fast aller hiesigen Menschen gegen unsern Mann, der im Grunde doch keiner Seele Leides gethan hat, ist, seitdem er Geh. Rath heißt, auf eine Höhe gestiegen, die nahe an die stille Wuth grenzt." Göthe nahm bekanntlich seine Standeserhöhung sehr gleichgültig auf, aber nicht so die ernsten Pflichten, welche ihm damit zufielen. Die „so simple und natürliche Excursion" bedeutete für ihn so viel als eine Abschiedsreise aus dem Lande seiner unruhigen und ziellosen Jugend. Mit zarter Hand löste er die alten Bande. Noch einmal — zum allerletztenmal hatte er in der stillen Laube zu Sesenheim gesessen, Hand in Hand mit Friederike; das Herz, das ihm bis in den Tod treu blieb, hatte ihm verziehen. Er

---

[1]) Briefe an Joh. Heinr. Merck. Herausgegeben von Wagner. Darmst. 1835. S. 179. vgl. das Urtheil der Frau von La Roche. S. 187.

hatte Lili wiedergesehen als glückliche Mutter im Schooße ihrer Familie. Zum zweiten Male hatte er die Alpen durchwandert, aber nicht mehr als der übermüthige Junker Berlichingen, wie ihn Herders Braut genannt hatte[1]). Das Alles war nun abgethan, und als sie endlich im Januar 1780 wieder in Weimar eintrafen, da fand ihn Wieland gänzlich verändert[2]), ja er nahm in Göthe's öffentlichem Benehmen eine $\sigma\omega\varphi\varrho o\sigma\acute{v}\nu\eta\nu$ (weise Mäßigung) wahr, welche die Gemüther nach und nach beruhigte[3]). Die Geschäfte treten in den Vordergrund; der Herr Kammerpräsident geht ernsthafter als zuvor an Bergbau, Forstwirthschaft und andere Verwaltungszweige, welche den Wohlstand des Bürgers mehren und zugleich den Säckel des Staates füllen, aber er findet, daß man dazu Mineralogie, Botanik und viele andere Dinge verstehen müsse. Seine Briefe zeigen ihn begeistert von der Lektüre von Buffon's Epochen der Natur[4]). Er tritt der Natur näher und näher.

---

[1]) Aus Herder's Nachlaß. III. S. 485 u. 489.
[2]) Briefe an Merck. S. 208. multum mutatus ab illo.
[3]) Ebendaselbst S. 235.
[4]) Ebend. S. 229 (aus dem Jahre 1780). Man vergl. über diese Periode die Darstellung von Oscar Schmidt (Göthe's Verhältniß zu den organischen Naturwissenschaften. Berl. 1853. S. 4), sowie Göthe selbst (Sämmtl. Werke. 1840. Bd. 36 S. 68.)

Aber noch ist die Natur für ihn eine Art von Persönlichkeit. „Gedacht hat sie und sinnt beständig", so sagt er in seinen ältesten Aphorismen über die Natur aus dem Jahre 1780¹), „aber nicht als ein Mensch, sondern als Natur. Sie hat sich einen eigenen allumfassenden Sinn vorbehalten, den ihr niemand abmerken kann." Sonderbare Natur! Aber Göthe läßt uns tiefer in ihr Wesen hineinblicken. „Sie hat," sagt er, „keine Sprache noch Rede, aber sie schafft Zungen und Herzen, durch die sie fühlt und spricht. Ihre Krone ist die Liebe. Nur durch sie kommt man ihr nahe. Sie macht Klüfte zwischen allen Wesen, und alles will sich verschlingen. Sie hat Alles isolirt, um alles zusammenzuziehen. Durch ein Paar Züge aus dem Becher der Liebe hält sie für ein Leben voll Mühe schadlos."

O, gewiß war es eine süße Art der Naturforschung, wo Charlotte von Stein den Becher der Liebe kredenzte! Manches Jahr ging dahin in Hoffen und Sehnen, in Bringen und Empfangen, in

---

¹) Göthe's sämmtl. Werke. 1840. Bd. 40 S. 385 folg. Carus (Göthe S. 175) erwähnt, daß ihm, wie Alex. von Humboldt, dieses Document als eines der wichtigsten erscheine.

beglücktem Genuß und düsterer Verzweiflung. Manches Jahr lang wanderten an sie alle Gedanken, richteten sich an sie alle Empfindungen. Wie von der Schweizerreise, so sammelten sich bei ihr die Briefe von der italienischen Reise. Aber es kam die Zeit, wo die Natur nicht mehr dachte und nicht mehr sann, wo sie nicht mehr durch das Herz sprach, die Zeit der Beobachtung und Forschung, der Zergliederung und Analyse. In Italien war es, wo sich diese Metamorphose vollendete, und als er heimkehrte, stolzer fast auf die Entdeckung der Urpflanze und der daran sich knüpfenden Gesetze der Morphologie überhaupt, als auf die Vollendung von Egmont und Iphigenie, da wandte sich sein frohlockender Gesang bald nicht mehr an die stolze Freifrau, sondern an das arme Mädchen, das seinem Hause endlich die Ruhe gab.

Jetzt spricht die Natur nicht durch den Mund der Liebe, sondern die Liebe erschließt sich selbst als Höchstes aus dem Entwickelungsgange, aus der Metamorphosenreihe der Natur. Der Geliebte wird der Lehrmeister der Geliebten.

Wende nun, o Geliebte, den Blick zum bunten Gewimmel,
    Das verwirrend nicht mehr sich vor dem Geiste bewegt.
Jede Pflanze verkündet dir nun die ew'gen Gesetze,
    Jede Blume, sie spricht lauter und lauter mit dir.

Aber entzifferst du hier der Göttin heilige Lettern,
Ueberall siehst du sie dann, auch in verändertem Zug.
Kriechend zaudre die Raupe, der Schmetterling eile geschäftig.
Bildsam ändre der Mensch selbst die bestimmte Gestalt!
O, gedenke dann auch, wie aus dem Keim der Bekanntschaft
Nach und nach in uns beide Gewohnheit entsproß,
Freundschaft sich mit Macht in unserm Innern enthüllte,
Und wie Amor zuletzt Blüthen und Früchte erzeugt.

Siehe da, Göthe mit allen Elementen seiner Stärke und — seiner Schwäche! Aus dem Keime der Bekanntschaft erwächst die Raupe der Gewohnheit, und aus der Puppe der Freundschaft bricht urplötzlich der schöne Schmetterling Amor hervor. Alles vereinigt sich in dem Bilde, Natur und Geist, Kunst und Alterthum, aber — es ist nur ein Bild. In der Vorstellung des Dichters vergeistigt sich die Natur; ihre Gesetze schaut der entzückte Seher wieder in dem innerlichsten Geschehen des geistigen Lebens; die materielle Substanz wird zum Symbol der Empfindung. Das ist das unveräußerliche Recht des Künstlers. Aber wird nicht auch der Naturforscher berührt werden von der Gluth des Dichters? wird das empfindende Subject in der Wärme seiner wechselnden Empfindung auch das unveräußerliche Recht des empfundenen Objectes anerkennen? wird der Schmetterling nicht davon flattern, gereizt von der Süßigkeit auch anderer Blumen, die auch für ihn

Nektar kredenzen? O, wir wissen es Alle, der Dichter war und blieb — ein Dichter; er sog Nektar an mancher Blume, und er hat keine andere Rechtfertigung, als daß es eben seiner Natur gemäß war.

Diesen Gedanken spricht er selbst an einer Stelle aus, wo man es ihm nachfühlt, welche bitteren Fragen der Erinnerung er damit beantwortet. Da er als alter Mann das Gedächtniß seiner rosigen Jugend in sich erneuerte, einer Jugend, die nach so langer Zeit als Wahrheit und Dichtung vor ihm auftauchte, da trat, inmitten der wonnigen Bilder von Sesenheim, die trübe Erinnerung[1] des verlassenen Mädchens an das Herz des Greises. Sein Griffel stockt, und bevor er fortfährt, das süße Spiel ihrer Herzen zu schildern, schiebt er eine längere Betrachtung ein, scheinbar an einen ganz anderen Gegenstand geknüpft, in der er sagt: „Der Mensch mag seine höhere Bestimmung auf Erden oder im Himmel, in

---

[1] Es war noch in den schönen Tagen von Sesenheim selbst, wo er einmal an Salzmann schrieb: „Die Kleine fährt fort traurig krank zu sein und das giebt dem Ganzen ein schiefes Ansehen. Nicht gerechnet conscia mens und leider nicht recti, die mit mir herumgeht." (Stöber. Der Actuar Salzmann. S. 44.)

der Gegenwart oder in der Zukunft suchen, so bleibt er deshalb doch innerlich einem ewigen Schwanken, von außen einer immer störenden Einwirkung ausgesetzt, bis er ein für allemal den Entschluß faßt, zu erklären, das rechte sey das, was ihm gemäß ist."[1])

Wohl ist das das Rechte, aber sowohl die sittliche Welt, als auch die Natur fordert billig, daß jeder Einzelne auch das Recht des Andern anerkenne, daß das Subject auch das Object behandele, wie es demselben gemäß ist, und daß es in der Wirklichkeit anders sei, als in der Dichtung und auch in der religiösen Dichtung, wo der mystische Chor singen darf:

Alles Vergängliche
Ist nur ein Gleichniß.

Der Gedanke von der fortschreitenden Metamorphose eines Unvollkommenen zu einem Vollkommeneren hat gleiche Gültigkeit für die sinnliche und für die außersinnliche Erscheinung, aber er verliert seinen objectiven Werth, er wird rein symbolisch, wenn wir ihn willkürlich, ohne genaueste Ergründung des Einzelnen, von einem zum andern übertragen.

---

[1]) Sämmtliche Werke. Bd. 22 S. 18.

Eines Tages war Eckermann allein mit Göthe. Der 79jährige Dichter erzählte ihm, daß er nach Beendigung der „Wanderjahre" sich wieder zur Botanik wenden werde. „Nur fürchte ich," sagte er, „daß es mich wieder ins Weite führt, und daß es zuletzt abermals ein Alp wird. Große Geheimnisse liegen noch verborgen, manches weiß ich, von vielem habe ich eine Ahnung. Etwas will ich Ihnen vertrauen und mich wunderlich ausdrücken. Die Pflanze geht von Knoten zu Knoten, und schließt zuletzt ab mit der Blüthe und dem Samen. In der Thierwelt ist es nicht anders. Die Raupe, der Bandwurm geht von Knoten zu Knoten und bildet zuletzt einen Kopf; bei den höher stehenden Thieren und Menschen sind es die Wirbelknochen, die sich anfügen und anfügen, und mit dem Kopf abschließen, in welchem sich die Kräfte concentriren. Was so bei Einzelnen geschieht, geschieht auch bei ganzen Corporationen. Die Bienen, auch eine Reihe von Einzelheiten, die sich aneinander schließen, bringen als Gesammtheit etwas hervor, das auch den Schluß macht, und als Kopf des Ganzen anzusehen ist, die Bienen=Königin. Wie dieses geschieht, ist geheimnißvoll, schwer auszusprechen, aber ich könnte sagen, daß ich darüber meine Gedanken habe. So bringt ein Volk seine Helden hervor, die, gleich Halbgöttern, zu Schutz und Heil an der Spitze stehen."¹)

Es war nicht mehr Amor, der die lange Reihe der Metamorphosen abschloß: der ergraute Dichter begnügte sich mit dem vielleicht ebenso heißblütigen, aber doch mit kühlerer Verehrung anzuschauenden Geschlechte der „Halbgöttern gleichen" Helden. Sie stehen an der Spitze des Volkes, wie der Kopf des Bandwurms die lange Reihe der Glieder abschließt. Ist das nicht ein Gleichniß, so kühn wie das des Vaters Homeros²), wenn er die unruhig umhergewälzten Gedanken des Odysseus vor der Freiertödtung mit einer Bratwurst vergleicht, die im Feuer hin und her geschoben wird? Der Kopf des Bandwurms ist eher da, als die Glieder, und er läßt sich nicht einmal mit dem Kopfe des Menschen vergleichen, viel weniger mit dem Haupte eines Volkes. Auch hat der Kopf eines Thieres nichts gemein mit der Blüthe und dem Samen der Pflanze.

---

¹) Eckermann's Gespräche mit Göthe. Leipz. 1837. II. S. 65. Vgl. Riemer, Briefe an und von Göthe. 1846. S. 298.

²) Odyss. lib. XX. 25—28.

Sehr richtig bemerkt daher Eckermann ein anderes Mal, wo er eine Zusammenkunft Göthe's mit d'Alton schildert: „Göthe, der in seinen Bestrebungen, die Natur zu ergründen, gern das All umfassen möchte, steht gleichwohl gegen jeden einzelnen Naturforscher von Bedeutung, der ein ganzes Leben einer speciellen Richtung widmet, im Nachtheil. Bei diesem findet sich die Beherrschung eines Reiches unendlichen Details, während Göthe mehr in der Anschauung allgemeiner großer Gesetze lebt"[1]). Wir wissen, daß Göthe selbst diesen Nachtheil fühlte, und daß er dankbar jede Anregung aufnahm, welche ihm von bedeutenden Naturforschern zukam.

Selbst erfinden ist schön; doch glücklich von Andren
Gefundnes
Fröhlich erkannt und geschätzt, nennst du das weniger
dein?
(Vier Jahreszeiten. Herbst. 46.)

Wie schön ist es, was er von Alexander von Humboldt sagt: „Wohin man rührt, er ist überall zu Hause und überschüttet uns mit geistigen Schätzen. Er gleicht einem Brunnen mit vielen Röhren, wo man überall nur Gefäße unterzuhalten braucht und wo es uns immer erquicklich und unerschöpflich ent-

---
[1]) Eckermann's Gespräche. Magdeb. 1848. III. S. 83.

gegenströmt"¹). Aber wie viel Quellen strömten auch
diesem Brunnen zu! Humboldt hatte das seltene
Glück erlebt, gerade in jene Zeit gesetzt zu sein, wo
das große Gebiet der Natur fast an allen Orten an=
gegriffen und erobert wurde; Göthe hatte die Hälfte
seines Lebens überschritten, als die Wissenschaft von
der Natur eine Wissenschaft wurde, und manche Kennt=
niß, die nachher auf der Straße zu finden war, hatte
er als Autodidakt mühsam erworben. Er war mit
unter den Angreifern und Eroberern, aber als nun
der neue Staat in geregelte Verwaltung kam, da
wuchsen ihm die Provincialbehörden über den Kopf.
Fünfzig Jahre hatte er sich mit Mineralogie und
Geologie beschäftigt, und das Zeugniß eines Mannes,
wie Carl von Raumer²), genügt, daß er es ernst=
haft damit gemeint hatte, und doch wußte er sich zu=
letzt so wenig in die fortschreitende Kenntniß der Erd=
bildung zu finden, daß er, ganz gegen seine sonstige
Milde, in die unwilligen Worte ausbrach: „die Sache
mag sein, wie sie will, so muß geschrieben stehen: daß
ich diese vermaledeite Polterkammer der neuen Welt=

---

¹) Ebendas. I. S. 260.
²) Carl von Raumer Kreuzzüge. Stuttg. 1840. I.
S. 70 (Göthe als Naturforscher).

schöpfung verfluche"¹). In der Meteorologie, welche einen Mann besonders anziehen mußte, der so viel auf Reisen war, der die Frische des jungen Morgens so gern im Freien genoß, der die künstlerische Betrachtung der Landschaft und des Himmels so vorwiegend auf wirkliche Gesetze des Naturwaltens begründete, — in der Meteorologie erlebte er den großen Umschwung der Wissenschaft nicht mehr, der auch seine Hypothesen mit zu Boden riß. In der Optik, dieser liebsten Gefährtin seiner Mußestunden, gelang es ihm nie, mit der „Gilde" in ein Einverständniß zu kommen, obwohl er unzählige Versuche und die wundervollsten Beobachtungen über die physiologische Seite des Sehens gemacht hatte; es gelang ihm nicht, weil die Behandlung der Optik seit Newton mathematisch geworden war²). Er fühlte sich später selbst veranlaßt, sich gegen den Vorwurf zu vertheidigen, als „sei er ein Widersacher, ein Feind der Mathematik" und er ver-

---

[1] Sämmtliche Werke. Bd. 40. S. 296. Vergl. Eckermann. I. S. 336.

[2] Ebendaselbst. Bd. 37. S. XVIII. u. S. 10. Bd. 39. S. 454. „Mit Astronomie habe ich mich nie beschäftigt, weil man hier schon zu Instrumenten, Berechnungen und Mechanik seine Zuflucht nehmen muß, die ein eigenes Leben erfordern und nicht meine Sache waren." Eckermann. I. S. 338. Vergl. Beilage I.

sicherte, daß sie „niemand höher schätzen könne als er, da sie gerade das leiste, was ihm zu bewirken völlig versagt worden"[1]). „Ich ehre", sagt er ein anderes Mal, „die Mathematik als die erhabenste und nützlichste Wissenschaft, so lange man sie da anwendet, wo sie am Platze ist; allein ich kann nicht loben, daß man sie bei Dingen mißbrauchen will, die gar nicht in ihrem Bereiche liegen, und wo die edle Wissenschaft sogleich als Unsinn erscheint. Und als ob etwas nur dann existirte, wenn es sich mathematisch beweisen läßt. Es wäre doch thöricht, wenn jemand nicht an die Liebe seines Mädchens glauben wollte, weil sie ihm solche nicht mathematisch beweisen kann!"[2])

Amor ist sein Schild auch gegen die Mathematiker. Und mit Recht wendet er sich an ihn. Denn nur im Gebiete des Organischen, des wirklich Lebendigen ist er sicher, daß ihm Erscheinungen begegnen werden, welche der menschlichen verwandt sind. Nur hier erlebt er es, daß trotz vieler Widersacher, trotz mancher widerwärtigen Prioritätsstreitigkeit nicht bloß Laien, sondern die besten Forscher sein Verdienst an-

---

[1]) Sämmtliche Werke. Bd. 40. S. 468.
[2]) Eckermann. I. S. 266. Vergl. S. 239 den Grund, warum er sich nicht mit Astronomie beschäftigt.

erkennen¹). Nur hier knüpft sich die Ahnung des Göttlichen unmittelbar an die sinnliche Anschauung²).

Trotzdem sind die langjährigen Forschungen über Licht und Farbe, über Gewölk und Gebirge keine verlorene Arbeit³). War ihre Methode nicht vollkom=

---

¹) Sämmtliche Werke. Bd. 40. S. 6.

²) „Ohne meine Bemühungen in den Naturwissenschaften hätte ich die Menschen nie kennen gelernt, wie sie sind. In allen anderen Dingen kann man dem reinen Anschauen und Denken, den Irrthümern der Sinne wie des Verstandes, den Charakter-Schwächen und Stärken nicht so nachkommen; es ist alles mehr oder weniger biegsam und schwankend, und läßt alles mehr oder weniger mit sich handeln; aber die Natur versteht gar keinen Spaß, sie ist immer wahr, immer ernst, immer strenge; sie hat immer Recht, und die Fehler und Irrthümer sind immer des Menschen. Den Unzulänglichen verschmäht sie, und nur dem Zulänglichen, Wahren und Reinen ergiebt sie sich und offenbart ihm ihre Geheimnisse. Der Verstand reicht zu ihr nicht hinauf, der Mensch muß fähig sein, sich zur höchsten Vernunft erheben zu können, um an die Gottheit zu rühren, die sich in Urphänomenen, physischen wie sittlichen, offenbart, hinter denen sie sich hält und die von ihr ausgehen. Die Gottheit aber ist wirksam im Lebendigen, aber nicht im Todten; sie ist im Werdenden, aber nicht im Gewordenen und Erstarrten. Deßhalb hat auch die Vernunft in ihrer Tendenz zum Göttlichen es nur mit dem Werdenden, Lebendigen zu thun; der Verstand mit dem Gewordenen, Erstarrten, daß er es nutze." Eckermann. II. S. 68.

³) Göthe selbst sagte: „Es gereut mich auch keinesweges, obgleich ich die Mühe eines halben Lebens hineingesteckt habe.

men, so war sie doch eine streng beobachtende und experimentirende, und selbst da, wo ihr, wie in der Optik die allgemeine Zustimmung fehlte, gewann sie doch den entschiedensten Einfluß auf die Entwicklung der Physiologie, wie Johannes Müller[1] mehr als einmal dankbarst anerkannt hat.

Aber weit größer war der Gewinn für den Dichter selbst. Denn auch für ihn kamen Zeiten, wo weder die Geschäfte des Amtes, noch die süße Gewohnheit des Dichtens seiner Stimmung entsprachen, Zeiten, wo die schöpferische Kraft gebunden war durch innere Sorge, durch zwiespältiges Streben des Gemüthes. Da bedurfte es der freien Hingabe an ein Aeußerliches, Objectives, und der Adel seines Wesens bekundet sich, da er die Beruhigung in der Hingabe an das Ewig Schöne und an das Ewig Wahre fand. „Hätte ich in der bildenden Kunst und in den Naturstudien kein Fundament gehabt, so hätte ich mich in der schlechten Zeit und deren täglichen Einwirkungen auch schwerlich oben gehalten; aber das hat mich ge-

---

Ich hätte vielleicht ein halb Dutzend Trauerspiele mehr geschrieben, das ist alles, dazu werden sich noch Leute genug nach mir finden." Eckermann. I. S. 336.

[1] Johannes Müller. Eine Gedächtnißrede von Rud. Virchow. Berlin 1858. S. 20. 9. 16; sowie Beilage I. u. II.

schützt, sowie ich auch Schillern von dieser Seite zu Hülfe kam"¹). Die schlechteste Zeit aber war die Zeit der französischen Revolution und des Bruches mit Charlotte von Stein. Das Studium der Kunst und der Natur half über Alles hinweg; die Versöhnung kam von selbst, wie neue Gedanken, neue Anschauungen den Geist erfüllten, und als sie gesichert waren, da strömte auch der Quell der Dichtung wieder über. Denn leicht und gern verkündete die Lippe des Sängers, wessen das Herz voll und wessen der Geist sicher war, und was sie verkündete, das trug die Gewißheit innerer Wahrheit an sich.

„Ich habe", sagt er, „niemals die Natur poetischer Zwecke wegen betrachtet. Aber weil mein früheres Landschaftszeichnen und dann mein späteres Naturforschen mich zu einem beständigen genauen Ansehen der natürlichen Gegenstände trieb, so habe ich die Natur bis in ihre kleinsten Details nach und nach auswendig gelernt, dergestalt, daß, wenn ich als Poet etwas brauche, es mir zu Gebote steht und ich nicht leicht gegen die Wahrheit fehle"²). Wer erkennt das

---

¹) Eckermann. II. S. 90.

²) Eckermann. I. S. 305. (Göthe fährt fort: „In Schillern lag dieses Naturbetrachten nicht" und erzählt dann die Entstehungsgeschichte des Tell.)

nicht in seinen unübertroffenen Reisebriefen, schon in den schweizerischen, welche der entzückte Wieland ein wahres Poem nannte, das ihm in seiner Art so lieb sei als Xenophon's Anabasis!¹) Wer empfindet es nicht in seinen unvergleichlichen Dichtungen, daß die Natur für ihn aufgehört hatte, etwas Aeußeres zu sein; voll nahm er sie in sich auf, wie einen Theil seines Wesens, und voll, nur verklärt, vergeistigt, erstand sie wieder in seinen Liedern. Wohl mochte er von sich sagen, er habe empfangen

Aus Morgenduft gewebt und Sonnenklarheit
Der Dichtung Schleier aus der Hand der Wahrheit.
(Zueignung. Bd. 1. S. 4.)

In ihm wurde Natur und Kunst Eins; hier gab es nicht Vorbild und Nachbildung; hier löste sich der Gegensatz zwischen Welt und Geist in der höchsten ästhetischen Entwickelung des Genies. Das ästhetische Ideal verkörperte sich in dem vollkommensten Realismus.

Wohl hat der kleinliche Neid es nicht verschmäht, dem Genie seine Begabung, die Ursprünglichkeit', die Naivetät seiner Natur zum Vorwurfe zu machen.

---

¹) Merck's Briefwechsel. S. 235—36.

Menschliche Mißgunst begleitet den Liebling der Götter, dem nicht bloß die Pracht der Glieder, die vollendete Schönheit des Leibes, die Tiefe der Empfindung, die Allgewalt des Gedankens als ein Geburtsvorrecht geschenkt waren, sondern dem gütige Mächte auch die Sorge des gemeinen Lebens ersparten, der wie ein Gleicher unter den Großen und Fürsten der Erde wandeln durfte[1]). Was er war und leistete, ist es sein Verdienst gewesen? Die Thoren! Haben die Griechen geforscht, ob Schönheit, Geist und Glück darum weniger bewundernswürdig sind, weil sie geschenkt und nicht verdient sind? Hat die Nation kein Recht, stolz, keine Pflicht, dankbar zu sein, daß ihr das Vorrecht geschenkt ward, aus ihrer Mitte einen Dichter hervorgehen zu sehen, dessen Gleichen keine Zeit gekannt hat?

Aber handelt es sich hier nur um Schenkungen? Wird ein solcher Mann geboren, wie Aphrodite Anadyomene aus dem Schaum des wogenden Meeres? Ist es nur dichterische Verstellung, jenes aus dem tiefsten Grunde des Herzens quellende Lied:

---

[1]) Vergl. Eckermann I. S. 146: „Wäre ich unglücklich und elend, so würden sie (die Neider) aufhören".

Wer nie sein Brod mit Thränen aß,
Wer nie die kummervollen Nächte
Auf seinem Bette weinend saß,
Der kennt euch nicht, ihr himmlischen Mächte!

O, gewiß nicht! Harte Arbeit, ernster Kampf, sorgenvoller Fleiß zieren dieses lange, edle Leben, und wenn es uns hier nicht vergönnt sein kann, ihm durch alle die Irrsale der Jugend und der Mannheit nachzugehen, so muß es doch ausgesprochen werden, daß die erhabene Ruhe seines Alters, die bis zum Tode ungebrochene Kraft seines Wirkens ein wohl verdienter Lohn, daß der begeisterte Dankesruf seines Volkes eine nicht bloß dem Genie, sondern mindestens ebenso sehr eine dem Verdienst dargebrachte Huldigung sein müssen. Wir, die Naturforscher, sind vielleicht mehr in der Lage, scheiden zu können zwischen dem, was ein gütiges Geschick schenkte und dem, was unermüdete Anstrengung, was planmäßige, auf bestimmte Ziele unverrückt gerichtete Arbeit erwarben, aber das ganze Volk kann es sehen, wie die Vollendung des Dichters Schritt um Schritt mit dieser Arbeit sich festigt. Welches Bild der Nacheiferung, zu erkennen, wie dieser Mann, dem die schönsten Segnungen des Lebens zugefallen waren, von dem Dichterthrone herabsteigt, um als Staatsmann dem Volke neue Quellen des Wohlstandes, um als Forscher der Wissenschaft neue Wege der Untersuchung aufzudecken! Und welcher Stolz für uns Naturforscher, welche das lebende Geschlecht so leicht als die Gegner der geistigen Interessen brandmarkt, sagen zu können, daß Deutschlands größter Dichter in unserer Wissenschaft zugleich das Mittel seiner Vollendung und die unversiegbare Quelle seiner innern Beruhigung gefunden hat! 1818 schreibt er an Carus: „Das Alter kann kein höheres Glück empfinden, als daß es sich in die Jugend hineingewachsen fühlt und mit ihr nun fortwächst. Die Jahre meines Lebens, die ich, der Naturwissenschaft ergeben, einsam zubringen mußte, weil ich mit dem Augenblicke in Widerwärtigkeit stand, kommen mir nun höchlich zu Gute, da ich mich jetzt mit der Gegenwart in Einstimmung fühle, auf einer Altersstufe, wo man sonst nur die vergangene Zeit zu loben pflegt"[1]). 1826 sagt er: „Wenn ich das neueste Vorschreiten der Naturwissenschaften betrachte, so komm' ich mir vor wie ein Wanderer, der in der Morgendämmerung gegen Osten ging, das heranwachsende Licht mit Freuden anschaute und die Erscheinung des großen Feuerballs mit Sehnsucht erwartete, aber doch bei dem Hervortreten desselben die Augen wegwenden

---

[1]) C. G. Carus Göthe. Leipzig 1843. S. 5.

mußte, welche den gewünschten gehofften Glanz nicht ertragen konnten."¹) Und noch am 15. Juni 1831, kaum ein Jahr vor seinem Tode, spricht er zu Eckermann: „Es geht doch nichts über die Freude, die uns das Studium der Natur gewährt. Ihre Geheimnisse sind von einer unergründlichen Tiefe, aber es ist uns Menschen erlaubt und gegeben, immer weitere Blicke hineinzuthun. Und gerade, daß sie am Ende doch unergründlich bleibt, hat für uns einen ewigen Reiz, immer wieder heranzugehen und immer wieder neue Einblicke und neue Entdeckungen zu versuchen."²)

Aber die Geschichte des deutschen Geistes hat noch einen besonderen Grund, diese Vertiefung des Dichters in die Natur zu preisen. Ich meine die denkwürdige Vereinigung Göthe's und Schiller's, welche zunächst daraus hervorging, eine Vereinigung, welche für beide Dichter, am meisten für Schiller von dem segensreichsten Erfolge war und welche der Nation als ein leuchtendes Vorbild der Einigung nie verloren gehen möge. Denn sehr wahr sagt Palleske von dieser Vereinigung der beiden Dichter: „Ihr Bund ist der erste schüchterne Umriß einer neuen nationalen Gestaltung."¹)

---

¹) Ebend. S. 33 vgl. S. 36 und Eckermann. I. S. 338.
²) Eckermann. III. S. 356.

Als Schiller sich zuerst dem Weimarischen Kreise näherte, war Göthe auf seiner italienischen Reise abwesend. Voll von Gedanken über die organische Natur, hatte der gepriesene Dichter die Alpen überschritten, der botanische Garten zu Padua hatte alsbald seine Thätigkeit erregt[2]), und nun, je weiter er in dem gebenedeiten Lande, das ihn sich selbst wiedergab, vorschritt, um so klarer enthüllte sich ihm „das Geheimniß der Pflanzenzeugung und Organisation." „Unter diesem Himmel," ruft er entzückt aus, „kann man die schönsten Beobachtungen machen." Aber welcherlei Beobachtungen drängen sich da unter einander! Dinstag den 17. April 1787 schreibt er aus Palermo: „Es ist ein wahres Unglück, wenn man von vielerlei Geistern verfolgt und versucht wird! Heute früh ging ich mit dem festen ruhigen Vorsatz, meine dichterischen Träume fortzusetzen, nach dem öffentlichen Garten, allein, eh' ich mich's versah, erhaschte mich ein anderes Gespenst, das mir schon dieser Tage nachgeschlichen. Die vielen Pflanzen, die ich sonst nur hinter Glasfenstern zu sehen gewohnt war, stehen

---

[1]) Palleske. Schiller's Leben und Werke. Berlin 1859. II. S. 229.

[2]) Sämmtliche Werke. Bd. 36 S. 85.

hier froh und frisch unter freiem Himmel, und indem sie ihre Bestimmung vollkommen erfüllen, werden sie uns deutlicher. Im Angesicht so vielerlei neuen und erneuten Gebildes fiel mir die alte Grille wieder ein: ob ich nicht unter dieser Schaar die Urpflanze entdecken könnte? Eine solche muß es denn doch geben! Woran würde ich sonst erkennen, daß dieses oder jenes Gebilde eine Pflanze sei, wenn sie nicht alle nach Einem Muster gebildet wären?"[1]) Noch traute er seinen Kräften nicht recht; ja noch war er so unklar, daß er die „Urpflanze" als eine wirklich existirende, irgendwo in dem „Weltgarten" versteckte und nur aufzufindende unter den anderen Pflanzen sich dachte. Als ob die Natur ihre „Muster" ausarbeitete und zur Ansicht der Kenner aufbewahrte! Sehr bald klärten sich die Vorstellungen des Dichters und schon vier Wochen später konnte er von Neapel aus berichten, daß er den Hauptpunkt gefunden habe. Zuversichtlich fügt er schon jetzt hinzu, dasselbe Gesetz werde sich auf alles übrige Lebendige anwenden lassen. „Die Urpflanze wird das wunderlichste Geschöpf von der Welt, um welches mich die Natur selbst beneiden

---

[1]) Ebendaselbst. S. 71 vgl. 288.

soll."¹) Hier fühlt der Forscher sich gegenüber der Natur als schaffender Geist: die Urpflanze ist sein Geschöpf und nicht der Natur. Sie ist nur ein Bild, aber ein Bild, in welchem sich der Gedanke der Pflanzenorganisation verleiblicht, in welchem das Naturgesetz sichtbar vor das Auge des Sehers tritt. Die Beobachtung lehrt ihn, daß die Pflanze die verschiedenartigsten Gestalten durch Modificationen eines einzigen Organs, des Blattes darstelle. „Dasselbe Organ, welches am Stengel als Blatt sich ausdehnt und eine höchst mannichfaltige Gestalt angenommen hat, zieht sich nun im Kelche zusammen, dehnt sich im Blumenblatte wieder aus, zieht sich in den Geschlechtswerkzeugen zusammen, um sich als Frucht zum letztenmal auszudehnen."²) Somit ist die Blattbildung eine Fortpflanzung, welche sich nur dadurch, daß sie sich wiederholt, von der auf einmal geschehenden Fortpflanzung durch Blüthe und Frucht unterscheidet. Und indem er weiterhin folgert, daß eine Pflanze, ja ein Baum, die uns doch als Individuum erscheinen, aus lauter Einzelheiten bestehen, die sich unter einander und dem Ganzen gleich und

---

¹) Sämmtliche Werke. Bd. 24 S. 5 und gleichlautend S. 71. (Neapel, den 17. Mai 1787.)

²) Ebendaselbst. Bd. 36 S. 62.

ähnlich seien¹), so tritt er unmittelbar an das Geheimniß der organischen Individualität, welches ihm zu entschleiern nicht vergönnt war, da das Mikroskop erst nach ihm die Wunder des Zellenlebens enthüllt hat.

Trotzdem erkannte er, daß diese Auflösung des scheinbaren Individuums in eine „Versammlung von mehreren Einzelheiten," wie er sich ausdrückt, in eine gesellschaftliche Zusammenordnung organischer Elemente, wie wir sagen²), nicht etwa bloß den Pflanzen zukomme, sondern auch für die Thiere, ja für den Menschen Gültigkeit habe. Kaum nach Rom zurückgekehrt, schreibt er: „Nun hat mich zuletzt das A und O der uns bekannten Dinge, die menschliche Figur, angefaßt, und ich sie, und ich sage: Herr, ich lasse dich nicht, du segnest mich denn, und sollt' ich mich lahm ringen."³) Freilich vergingen Jahre über dem Ringen, aber endlich segnete ihn der Herr und sein großes Werk gelang ihm. Er lernte, wie die Natur gesetzlich zu Werke gehe, um lebendiges Gebild, als Muster alles künstlichen, hervorzubrin-

---

¹) Ebendaselbst. S. 7.
²) Virchow. Die Cellularpathologie. 2te Aufl. Berlin 1859. S. 12.
³) Sämmtliche Werke. Bd. 24 S. 87 u. 198.

gen¹), und wie selbst das, was uns als Ausnahme erscheint, in der Regel ist²).

Der Himmel Italien's war ihm glückbringend gewesen. Denn noch ehe er schied, konnte er nach Hause melden: „Ferner habe ich nebenbei Speculationen über Farben gemacht, welche mir sehr anliegen, weil das der Theil ist, von dem ich bisher am wenigsten begriff. Ich sehe, daß ich mit einiger Uebung und anhaltendem Nachdenken auch diesen schönen Genuß der Weltoberfläche mir werde zueignen können."³) Das war der Anfang seiner optischen Studien. Es mochte ihm schwer werden, heiteren Himmel mit düsterem zu vertauschen, und als er in der Heimath anlangte, da gerieth er fast in Verzweiflung: er vermißte jede Theilnahme, niemand verstand seine Sprache, ja sein Leiden, seine Klagen über das Verlorene schienen seine Freunde zu beleidigen⁴). Erschien es ihm selbst doch bald wie ein Mährchen, wenn er durch eine seltene Gunst des Himmels an jene „paradiesischen Augenblicke erinnert"

---

¹) Ebendaselbst. Bd. 36 S. 92. Vergleiche Bd. 39 S. 442.
²) Eckermann. I. S. 176.
³) Sämmtliche Werke. Bd. 24 S. 261.
⁴) Ebendaselbst. Bd. 36 S. 92.

wurde, welche ihm in Italien der Verkehr mit der Natur gewährt hatte¹). Mit Mühe fand er einen Verleger für die Pflanzen-Metamorphose, und als sie erschienen war, da gewann er nicht nur keinen Beifall, sondern mitleidiges Bedauern, daß ein solches Talent sich so aus seinem Kreise entfernen könne. Das Werk, auf dem noch jetzt die wissenschaftliche Botanik fortbaut²), erschien den Zeitgenossen wie eine Verirrung. Ja, die Gelehrten der nächsten Nachbarschaft enthielten ihm eine Anerkennung vor, welche sie sonst mit vollen Händen ausstreuten³).

Und wie fand der verstimmte Mann den Zustand der Literatur in Deutschland bei seiner Rückkehr? Er sagt es selbst, wie er ihn fand, oder besser, wie er ihn empfand. Er, der „die reinsten Anschauungen zu nähren und mitzutheilen suchte, er fand sich zwischen Ardinghello und Franz Moor eingeklemmt!"⁴) Er glaubte all' sein Bemühen völlig verloren zu

---

¹) Ebendaselbst. Bd. 36 S. 388.

²) Alex. Braun. Betrachtungen über die Erscheinung der Verjüngung in der Natur. Leipzig 1851. S. 63.

³) Die Akademie der gemeinnützigen Wissenschaften in Erfurt ernannte Schiller 1791, Göthe 1811 zu ihrem Mitgliede. (Denkschrift der Akademie am Seculartage ihrer Gründung Erfurt 1854. S. CVIII. CXIX.)

⁴) Sämmtliche Werke. Bd. 27 S. 35.

sehen; die Gegenstände zu welchen, die Art und
Weise wie er sich gebildet hatte, schienen ihm besei=
tigt zu sein. Er zog sich in sich und, wie er es
nennt, in sein wissenschaftliches Beinhaus[1]) zurück, er
lehnte es ab, mit Schiller in ein näheres Verhält=
niß zu treten, — sein Dichtermund verstummte.

Aber auch Schiller's Muse schwieg. Mit
Don Carlos schien die Dichterlaufbahn geendet. Er
hatte sich der Geschichte und mehr noch der Philo=
sophie zugewendet, theils gedrängt durch seine neue
Stellung als Professor der Geschichte, theils aus
dem inneren Bedürfniß, alte Zweifel seines Geistes
zur Entscheidung zu bringen. Denn in der That
waren sie alt. Als er seine Dissertation schrieb, da
schon legte er die Probleme vor, die ihn so lange
Jahre beschäftigten. Indem er die geistige Entwick=
lung des Kindes, des Jünglings und Mannes, ja
des ganzen Menschengeschlechtes schildert, wie er sie
in schönerer und vollendeter Gestalt später in den
allbekannten Lehrgedichten, der Glocke, dem Spazir=
gang, ausführte, indem er Beispiele des täglichen
Lebens, der Physiologie und der Pathologie zusammen=
bringt, so beweist er die Abhängigkeit des Geistes von

---

[1]) Ebendaselbst. Bd. 36 S. 251.

dem Körper. Dieser ist der erste Sporn zur Thätigkeit, „Sinnlichkeit die erste Leiter zur Vollkommenheit" und „Vollkommenheit ist die Vermischung der thierischen Natur mit der geistigen."¹) Mit dieser Vorstellung von der Duplicität der menschlichen Natur wandert er hinaus in das stürmische Leben. Die beiden Naturen kämpfen mit einander. Wie kann die Sittlichkeit neben der Sinnlichkeit bestehen? In der Theosophie des Julius glaubt er die Vermittelung gefunden zu haben. „Liebe," schreibt er an Raphael, „ist die Leiter, worauf wir emporklimmen zur Gottähnlichkeit."²) Aber Raphael bemerkt ihm, daß er mehr dem Bedürfnisse seines Herzens, mehr seiner Phantasie folge, als seinem Scharfsinn. Freiheit sei das Gepräge der göttlichen Schöpfung und die Aufgabe des edleren Menschen bestehe darin, in seiner Sphäre selbst Schöpfer zu sein. — Aber mit dieser Schöpfung, mit der Handlung an sich ist das moralische Ideal nicht gegeben, denn die Handlung setzt voraus, daß der Streit zwischen Pflicht und Neigung, zwischen

---

¹) Schiller über den Zusammenhang der thierischen Natur des Menschen mit seiner geistigen, abgedruckt in Fr. Nasse's Zeitschrift für psychische Aerzte. 1820. S. 256 und 272.

²) Schiller's Sämmtliche Werke. Stuttg. und Tüb. 1824. Bd. 11 S. 322.

Sittlichkeit und Sinnlichkeit schon entschieden ist. Was soll entscheiden? wie soll der freie Mensch sich bestimmen? wie soll die schöpferische Handlung, und diese war ja für Schiller gleichbedeutend mit Kunstschöpfung, wie soll sie ihre moralische Aufgabe lösen?

Mit dieser Frage kam Schiller an Kant. Der kategorische Imperativ des Königsberger Philosophen fordert immer und jedesmal das Opfer der Neigung, die Erfüllung der Pflicht; immer muß der moralische Gesichtspunkt dem ästhetischen untergeordnet sein. Schiller macht sich an eine Untersuchung dieser schwierigen Frage und in seinem berühmten Aufsatze über Anmuth und Würde empört er sich gegen die „Härte dieser Moralphilosophie."[1]) Denn in einer schönen Seele, deren Ausdruck in der Erscheinung die Grazie ist, finden sich Sinnlichkeit und Vernunft, Pflicht und Neigung in Harmonie; hier besitzt die Natur zugleich Freiheit. Damit näherte sich Schiller um einen großen Schritt Göthe, aber dieser fand darin kein Mittel der Versöhnung, denn noch immer war „die große Mutter (Natur) nicht als selbständig, lebendig, vom Tiefsten bis zum

---

1) Sämmtliche Werke. Bd. 17 S. 217 u. 223.

Höchsten gesetzlich hervorbringend betrachtet"[1]); noch immer bildete die „schöne Seele" den Ausnahmefall.

Endlich schrieb Schiller die Briefe über die ästhetische Erziehung des Menschen. Aus der Ausnahme entwickelt sich das Gesetz. Das Vorrecht der schönen Seele findet sich der Anlage nach bei jedem Menschen, und es handelt sich nur darum, diese Anlage zu einem wirklichen Vermögen zu entwickeln. Diese höchste aller Schenkungen, diese Schenkung der Menschheit ist der ästhetische Zustand, in welchem sich der sinnliche und der vernünftige Trieb gegenseitig aufheben, beide ihre Nöthigung verlieren und eine Freiheit, eine Selbstbestimmung hervorbringen, welche freilich eine Wirkung der Natur und in ihren Entschließungen an Gesetze gebunden ist, aber doch unbeschränkt erscheint, weil diese Gesetze nicht vorgestellt werden[2]). Eine solche Harmonie der sinnlichen und geistigen Kräfte in dem gemischten Wesen des Menschen herzustellen, ist die Aufgabe der ästhetischen Erziehung, der Erziehung zum Geschmack und zur Schönheit. Und kaum hat Schiller diese Aufgabe erkannt, so wird er wieder Dichter,

---

[1] Göthe's Sämmtliche Werke. Bd. 27 S. 36.
[2] Schiller's Sämmtliche Werke. Bd. 18 S. 102, 105 und 107.

und Göthe schreibt ihm: „Wie uns ein köstlicher, unserer Natur analoger Trank willig herunterschleicht und auf der Zunge schon durch gute Stimmung des Nervensystems seine heilsame Wirkung zeigt, so waren mir diese Briefe angenehm und wohlthätig, und wie sollte es anders sein, da ich das, was ich für Recht seit langer Zeit erkannte, was ich theils lobte, theils zu loben wünschte, auf eine so zusammenhängende und edle Weise vorgetragen fand?"[1])

Meisterhaft hat Kuno Fischer diese Krise in wenig Zügen geschildert: „Die geistigen Verwandtschaften, die Schiller am Beginn und Ausgange dieses philosophischen Zeitraumes eingeht, bezeichnen den Charakter des letzteren in einer sehr bedeutsamen Weise. Er steht zuerst unter dem Einflusse eines Philosophen, des größten, den die neuere Zeit aufzuweisen hat, dem sie einen völligen Umschwung ihrer wissenschaftlichen Denkweise verdankt. Schiller wird von diesem Einflusse nicht schülerhaft abhängig, aber mächtig ergriffen und angeregt. Und zuletzt ist es nicht mehr der Philosoph, der ihn anzieht, sondern ein Dichter, der größte der Welt nach den Alten

---

[1]) Briefwechsel zwischen Schiller und Göthe. 2te Ausgabe. Stuttgart und Augsburg 1856. I. S. 23 (am 26. October 1794). Vgl. Palleske Schiller. II. S. 230.

und Shakspeare. Jetzt bewundert er von ganzer Seele diesen Dichter, den er vorher lieber vermieden als gesucht hat, dem er vorher sich fremd fühlte; jetzt erst hat er gelernt, ihn zu verstehen und lieben. Zuerst wäre er beinahe der Schüler jenes Philosophen geworden; zuletzt wird er der Freund dieses Dichters. Der Philosoph ist Kant, der Dichter ist Göthe. Und zwischen diesen beiden so verschiedenartigen Größen, von denen der eine die menschliche Natur mit kritischem Scharfsinn zerlegt, während sie der andere in ihrer Lebensfülle dichtet, steht Schiller in einer beweglichen Mitte: er durchmißt den geistigen Zwischenraum, der jene beiden trennt; er geht, indem er philosophirt, von Kant zu Göthe."[1])

Dieser Abschluß fällt in den Herbst des Jahres 1794, aber schon in dem Frühjahr hatten sich die beiden Dichter persönlich gewonnen und gewiß war dieses Verhältniß nicht ohne Einfluß auf das endliche Hinausphilosophiren Schiller's aus der Philosophie. Göthe selbst bezeugt es ausdrücklich, daß er es der Metamorphose der Pflanzen zu verdanken habe, daß sich auf einmal, alle seine Wünsche und Hoffnungen

---

[1]) Kuno Fischer. Schiller als Philosoph. Frankf. a. M 1858. S. 7.

übertreffend, das Verhältniß zu Schiller entwickelte, das er zu den höchsten zählte, die ihm das Glück in späteren Jahren bereitete. Er war nach Jena gekommen und hatte in der dortigen naturforschenden Gesellschaft einen Vortrag des Professors der Botanik, Batsch gehört. Beim Hinausgehen führte ihn der Zufall an die Seite Schiller's, der sich über die zerstückelte Art, in welcher der Vortragende die Natur behandelte, tadelnd ausließ. Göthe erwiderte ihm, daß es in der That eine Weise gebe, die Natur nicht gesondert und vereinzelt vorzunehmen, sondern sie wirkend und lebendig, aus dem Ganzen in die Theile strebend, darzustellen. Das Gespräch wurde lebendiger, Göthe trat mit in Schiller's Haus, um ihm die Metamorphose der Pflanze zu erläutern, er entwarf ihm plastische Schemata, und der Philosoph, der einst in der Anatomie den Preis gewonnen hatte, verstand ihn besser, als die Gelehrten vom Fach. Einen Augenblick schien Alles wieder in Frage gestellt, da Schiller ausrief: „Das ist keine Erfahrung, das ist eine Idee."[1]) In Göthe, der

---

[1]) Wie hatte sich Göthe verändert, als er später seine Forschungen nach dem thierischen Typus schilderte: „Ich trachtete das Urthier zu finden, das heißt denn doch zuletzt: den Begriff, die Idee des Thieres." (Sämmtl. Werke. Bd. 36 S. 14).

ausdrücklich behauptete, er habe für Philosophie im eigentlichen Sinne kein Organ¹), begann sich trotz seiner Anerkennung für Kant²) der alte Groll zu regen. Aber der schlimme Augenblick ging vorüber, und als sich die beiden Männer trennten, da war das Siegel von beider Munde genommen und das entzückte Vaterland durfte wieder den Gedichten seiner neu zurückgewonnenen, mit edlerer Kraft ausgerüsteten Sänger lauschen. Schiller erzeugte jetzt jene Reihe von Meisterwerken, welche ihn zum größten dramatischen Dichter unseres Volkes erhoben haben; Göthe sagt in seiner stillen und ruhigen Weise: „Für mich insbesondere war es ein neuer Frühling, in welchem alles froh neben einander keimte und aus aufgeschlossenen Samen und Zweigen hervorging."³)

Das ist der Antheil, den die Naturwissenschaft an der Errichtung der schönsten Säulen deutschen

---

¹) Sämmtliche Werke. Bd. 40 S. 418.

²) Eckermann. I. S. 353. „Die Unterscheidung des Subjects vom Objecte, und ferner die Ansicht, daß jedes Geschöpf um sein selbst willen existirt und nicht wie der Korkbaum gewachsen ist, damit wir unsere Flaschen pfropfen können, dieses hatte Kant mit mir gemein und ich freute mich, ihm hierin zu begegnen."

³) Sämmtliche Werke. Bd. 27 S. 38.

Dichterthums hat. Nicht nur, daß sie den beiden Dichtern jene breite Grundlage der Naturkenntniß, jene Fähigkeit der anatomischen Analyse auch der zusammengesetztesten Erscheinungen des körperlichen und geistigen Lebens gab, sondern sie brachte ihnen auch das Mittel der Einigung. Und diese Einigung ging nicht wieder verloren[1]), trotzdem daß Göthe nachher noch tiefer, als vorher, in das eigentlich anatomische Wesen eindrang. Denn es war ja das Gesetz, welches beide suchten in der Natur, wie in der Kunst, gleichweit abgewendet von der Willkür der Dichterlinge und von der Botsmäßigkeit der Frömmler.

Göthe hat die ächt humanistische Richtung, in der seine Natur angelegt war, mit Bewußtsein ent-

---

[1]) Sämmtliche Werke. Bd. 39 S. 459. An dieser Stelle bezeugt Göthe ausdrücklich, daß Schiller's Einfluß auch später seine Naturbeobachtungen förderte. „Wenn ich manchmal auf meinem beschaulichen Wege zögerte, nöthigte er mich durch seine reflectirende Kraft vorwärts zu eilen und riß mich gleichsam an das Ziel wohin ich strebte." Und wie freundlich ist der Zuspruch Schiller's, wenn er 1796 schreibt (Briefwechsel I. S. 239): „Ich freue mich, wenn Sie mir Ihre neuen Entdeckungen in der Morphologie mittheilen; die poetische Stunde wird schon schlagen." Vergl. Göthe's Werke. Bd. 27 S. 495, wo es von ihnen beiden heißt: „Selten ist es aber, daß Personen gleichsam die Hälften von einander ausmachen, sich nicht abstoßen, sondern sich anschließen und einander ergänzen."

wickelt. 1796 schreibt er an einen Künstler: „Gehen Sie so genau zu Werke, als es Ihre Natur erheischt, seien Sie in dem, was Sie nachbilden, so ausführlich, um sich selbst genug zu thun, wählen Sie nach eigenem Gefühle, wenden Sie die nöthige Zeit auf und denken Sie immer: daß wir nur eigentlich für uns selbst arbeiten. Kann das Jemand in der Folge gefallen oder dienen, so ist es auch gut. **Der Zweck des Lebens ist das Leben selbst.** In diesem Sinne bereit' ich mich auch vor, und wenn wir nach Innen das Unsrige gethan haben, so wird sich das nach Außen von selbst geben."[1]) Und sehr richtig schließt er: „Alle Philosophie über die Natur ist doch nur Anthropomorphismus, d. h. der Mensch, Eines mit sich selbst, theilt Allem, was er nicht ist, diese Einheit mit, zieht es in die seinige herein, macht es mit sich selbst eins."[2])

Göthe kehrte zu seinen Studien über vergleichende Anatomie zurück, als gegen Ende des Jahres 1795 die Gebrüder Humboldt in Jena erschienen. Insbesondere war es Alexander, „dessen großer Rotation in physikalischen und chemischen Dingen er

---

[1]) Riemer. S. 24.
[2]) Ebendaselbst. S. 316.

nicht widerstehen konnte"[1]); durch ihn ward er bestimmt, sowohl seine Methode der Untersuchung, als auch sein Grundschema der vergleichenden Knochenlehre zu Papier zu bringen[2]). Denn dieses sind die wichtigsten Errungenschaften, welche der Dichter der Wissenschaft vom thierischen Leben hinterlassen hat, nicht jene, freilich viel mehr bekannte, schon 1786 geschriebene Abhandlung über den Zwischenkiefer[3]). Es beschränken sich diese Untersuchungen wesentlich auf die Knochen der Säugethiere und einzelne Verhältnisse der Insekten. Zwar fing er 1796 an, "die Eingeweide der Thiere näher zu betrachten," auch Fische und Würmer zu untersuchen[4]), jedoch kam er hier zu keinem tieferen Erfolge. Der Knochenbau des Menschen dagegen erregte anhaltend seine ganze künstlerische Theilnahme. Schon 1791 schreibt er an Heinr. Meyer: "auf einen Kanon männlicher und weiblicher Proportion loszuarbeiten, die Abweichungen zu suchen, wodurch Charaktere entstehen,

---

[1]) Riemer. Briefe von und an Göthe. S. 50. Vergl. Briefwechsel mit Schiller. I. S. 301.

[2]) Sämmtliche Werke. Bd. 27 S. 41, 62 u. 214. Bd. 36 S. 256.

[3]) Sämmtliche Werke. Bd. 36 S. 223. Ferner Beilage III.

[4]) Briefwechsel mit Schiller. I. S. 234 u. 262.

das anatomische Gebäude näher zu studiren und die schönen Formen, welche die äußere Vollendung sind, zu suchen, — dazu habe ich von meiner Seite Manches vorgearbeitet."[1]) Derselbe Gedanke, der ihn bei der Untersuchung der Pflanzenmetamorphose geleitet hatte, war auch hier sein Führer: das Ganze aus der genauesten Erkenntniß des Einzelnen zu begreifen und das allgemeine Gesetz, den Typus aus den Beziehungen und Gestaltungen dieses Einzelnen während der Bildung des Ganzen zu erfassen. So ward er, wenn auch nicht der Erfinder, so doch der selbständige Mitbegründer jener Methode, welche man die genetische genannt hat, einer Methode, welche in ihrer Anwendung auf die Entwicklungsgeschichte schon vor ihm durch Caspar Friedrich Wolf geübt war[2]), welche jedoch durch Göthe eine ungeahnte Ausdehnung und eine allgemeine Anerkennung erlangt hat[3]), und welche schon durch ihn sogar auf die Deutung pathologischer Dinge angewendet wurde[4]).

---

[1]) Riemer. Briefe von und an Göthe. S. 9.
[2]) Sämmtliche Werke. Bd. 36 S. 105.
[3]) Siehe Beilage IV.
[4]) Sämmtliche Werke. Bd. 27 S. 69 u. 320. Bd. 26 S. 92. Bd. 37 S. 46.

Daß ein Mann, der außerhalb der Gilde stand, einen solchen Einfluß in einer Erfahrungswissenschaft, in welche er „als Freiwilliger hineinkam"[1]), gewinnen konnte, ein Mann, den man vielleicht als Laien oder Dilettanten bezeichnen möchte, das könnte leicht den Schein erregen, als sei es dem Genie gestattet, auch das Fernste mit sicherer Hand ohne Mühe zu erreichen. Es verlohnt sich also wohl die Frage, ob ein solcher Erfolg wirklich mühelos, gleichsam durch Seherkraft erreicht wurde; es verlohnt sich das um so mehr, als Göthe selbst über seine Anregungen zur Anatomie wenig zusammenhängenden Aufschluß gegeben hat.

Erinnern wir uns zunächst, daß eine andere Zeit in Deutschland war, als jetzt. Wie einst in Italien am Hofe der Medici, so war in der zweiten Hälfte des achtzehnten Jahrhunderts ein offener Sinn für wissenschaftliche und künstlerische Bestrebungen an manchen Höfen und in der guten Gesellschaft. Der Kurfürst von Mainz und der Landgraf zu Cassel sammelten um sich Naturforscher ersten Ranges, unter denen Georg Forster und Sömmerring vor Allen zu nennen sind; selbst der kleine Hof zu Münster konnte der Anatomie nicht entbehren und die fromme Fürstin

---

[1]) Sämmtliche Werke. Bd. 40. S. 15.

Galitzin wendete sich um seltene anatomische Präparate von Lymphgefäßen, vom Auge u. s. w. an berühmte Anatomen[1]). Nirgends aber fanden solche Bestrebungen mehr Anerkennung als am Hofe von Weimar. Die Herzogin Amalie, welche selbst porträtirte, bemühte sich sorgfältig, in die Ansichten Camper's über den menschlichen Kopf einzudringen[2]). Der Herzogin Louise, deren lebhaftestes Interesse für die Farbenlehre erwacht war[3]), hat Göthe in dankbarster Erinnerung sein optisches Werk gewidmet. Carl August selbst war bis zu seinem Tode ein Freund der Naturwissenschaften und gewiß giebt es Weniges, was rührender ist, als die Schilderung, welche Humboldt von seinen letzten Tagen gegeben hat. Als er schon sehr schwach war, bedrängte Carl August den vielerfahrenen Mann mit den schwierigsten Fragen über Physik, Astronomie, Meteorologie und Geognosie, über Durchsichtigkeit der Kometenkerne u. s. f. Dann wendeten sich seine Gedanken auf religiöse Dinge. „Er klagte über den ein-

---

[1]) Briefe an Sömmerring in S.'s Leben und Verkehr mit seinen Zeitgenossen von Rud. Wagner. Leipz. 1844. I. S. 75.

[2]) Merck's Briefwechsel. S. 422.

[3]) Sämmtliche Werke. Bd. 39. S. 459.

reißenden Pietismus und den Zusammenhang dieser Schwärmerei mit politischen Tendenzen nach Absolutismus und Niederschlagen aller freien Geistesregungen. Dazu sind es unwahre Bursche, rief er aus, die sich dadurch den Fürsten angenehm zu machen glauben, um Stellen und Bänder zu erhalten! Mit der poetischen Vorliebe zum Mittelalter haben sie sich eingeschlichen"[1]).

Ein Fürst, der dem Tode nahe so sprechen konnte, mußte wohl eine starke Stütze im kräftigen Jugend- und Mannesalter sein. Aber so offenen Blickes waren nicht bloß die Fürsten und die Großen, sondern die gebildete Welt im Großen nahm an allen Vorgängen der Wissenschaft Antheil. Der Umstand, daß große Aerzte, wie Tissot, Haller, Unger, Zimmermann durch populäre Schriften auf die allgemeine Bildung bestimmenden Einfluß gewannen[2]), war von großer Bedeutung. Göthe selbst hatte in seiner Vaterstadt eines der glänzendsten Beispiele in Senkenberg, der das noch jetzt blühende Institut mit Hospital, Museen, botanischem Garten und anatomi-

---

[1]) Eckermann. III. S. 260.
[2]) Sämmtliche Werke. Bd. 21. S. 75; vergl. S. 225.

scher Anstalt gründete[1]). Auf der Universität in Leipzig gerieth Göthe sofort in medicinische Umgebungen. In dem Schönkopfischen Kreise fand er den jüngeren Kapp, einen später berühmten Arzt[2]). Seinen Mittagstisch hatte er bei Hofrath Ludwig[3]), einem medicinischen und botanischen Polyhistor, und „die Gesellschaft bestand in lauter angehenden oder der Vollendung näheren Aerzten," so daß er in diesen Stunden gar kein ander Gespräch, als von Medicin oder Naturhistorie hörte. Die Namen Haller, Linné, Buffon wurden mit großer Verehrung häufig genannt. Auch die Physik ließ er sich (bei Winckler) „wie ein anderer vortragen und die Experimente vorzeigen"[4]). Nach Frankfurt krank zurückgekehrt, führte ihn eine wunderliche Neigung zur Chemie, oder besser gesagt, zur Alchymie, er ließ sich insbesondere mit dem Compendium des großen Holländers Boerhaave, der Haller's Lehrer gewesen war, ein und kam so auch auf die medicinischen Aphorismen desselben[5]), dasjenige

---

[1]) Sämmtliche Werke. Bd. 20. S. 90. Bd. 26. S. 287.
[2]) O. Jahn Göthe's Briefe an Leipziger Freunde. Leipzig 1849. S. 33.
[3]) Sämmtliche Werke. Bd. 21. S. 50. Jahn a. a. O. S. 26.
[4]) Ebendaselbst. Bd. 39. S. 445.
[5]) Ebendaselbst. Bd. 21. S. 159.

Buch, welches noch lange nachher die Grundlage des medicinischen Unterrichts in ganz Deutschland gebildet hat und welches durch die Commentarien eines Mitschülers von Haller, van Swieten's, zugleich der Mittelpunkt für das gesammte praktisch=medicinische Wissen der Zeit geworden ist.

So vorbereitet kam Göthe im Frühjahr 1770 nach Straßburg. Die alte Reichsstadt, obwohl damals fast schon seit einem Jahrhundert durch wälschen Verrath und habsburgische Schwäche von Deutschland losgerissen, hatte ihren deutschen Charakter noch ganz bewahrt, ja der Elsaß bot dem jungen Dichter einen solchen Schatz treu gehegter Volkslieder, daß ihre Sammlung mit den Grund gelegt hat zu dem neuen Aufschwung, welchen diese Art der Dichtung durch Göthe und seine Freunde, insbesondere bei der durch ihn hervorgerufenen[1] romantischen Schule gefunden hat.

Straßburg war von jeher ein Hauptsitz deutscher Bildung. Denn gerade hier näherte sich ja schon zur Zeit des weströmischen Reiches alte klassische Cultur dem neu aufgeschlossenen Land der Alemannen und hier ward frühe ein fester Heerd für das Christenthum

---

[1] Eckermann. II. S. 203.

geschaffen. Schon im zehnten Jahrhundert wird ein Hospital erwähnt[1]). Nach und nach wächst die Zahl der Krankenanstalten und unmittelbar nach der Reformation finden wir hier die ersten wissenschaftlichen Chirurgen Deutschlands, deren Handbücher in zahlreichen Auflagen und Uebersetzungen durch ganz Europa verbreitet wurden. Der Chirurg bedarf aber nothwendig der genauesten Kenntniß der Anatomie und so findet sich seit 1566 eine immer sorgfältiger geleitete anatomische Schule[2]), welche bald so berühmt wurde, daß noch nach der Zeit, von der wir hier reden, die Anatomen in Deutschland von Straßburg verschrieben wurden[3]). Es begreift sich daher leicht, daß auch Göthe's Gesellschaft sich stark aus jungen Medicinern zusammensetzte. Man kennt die Tischgesellschaft aus

---

[1]) Ferd. Walter Corp. juris germanici antiqui. Berol. 1824. T. III. p. 793. Vergl. mein Archiv für pathol. Anatomie und Physiol. 1860. Bd. 19. S. 46.

[2]) Michel Essai sur la chirurgie de Strasbourg. Strasb. 1855. p. 4.

[3]) 1779 schreibt Forster an Sömmerring aus Cassel: „Der Landgraf habe sich sagen lassen, in Straßburg und Frankreich würden die besten Zergliederer gebildet, zu dem Ende habe man sich den Dr. Petri (den niemand in der literarischen Welt kenne) verschrieben." Später sagt er: „Petri oder ein ähnlicher armer Schinder." (Sömmerrings Leben von Wagner. I. S. 122.)

Dichtung und Wahrheit¹). Der würdige Actuarius Salzmann, unter dessen Vorsitz man tagte und der durch seine praktisch-religiöse Richtung einen so nachhaltigen sittlichen Einfluß auf Göthe geübt hat, stammte aus einer alten medicinischen Familie, welche der Facultät drei Professoren geliefert hatte²), und in der von ihm gestifteten gelehrten Uebungsgesellschaft fehlte es nie an Medicinern³). Gerade zu Göthe's Zeit bildeten diese unter den Tischgenossen die Mehrzahl. „Diese sind", sagt er, „die einzigen Studirenden, die sich von ihrer Wissenschaft, ihrem Metier, auch außer den Lehrstunden mit Lebhaftigkeit unterhalten. Es liegt dieses in der Natur der Sache. Die Gegenstände ihrer Bemühungen sind die sinnlichsten und zugleich die höchsten, die einfachsten und die complicirtesten. Die Medicin beschäftigt den ganzen Menschen, weil sie sich mit dem ganzen Menschen beschäftigt. Alles, was der Jüngling lernt, deutet sogleich auf eine wichtige,

---

[1] Sämmtliche Werke. Bd. 21. S. 178.
[2] Aug. Stöber Der Actuar Salzmann. Frankf. a. M. 1855. S. 12. Michel p. 19.
[3] Stöber gedenkt aus dem Jahre 1763—64 des nachher so berühmten O. Fr. Müller und aus 1776 des späteren Marburger Professors Michaelis (S. 22. 86).

zwar gefährliche, aber doch in manchem Sinn belehnende Praxis"[1]). An Göthe's Tische saßen Meyer von Lindau (später Arzt in London), der bei Tische die Vorträge der Professoren in komischer Weise wiederholte, ferner der spöttische Waldberg von Wien und der Elsäßer Melzer, und bald langte der Sonderling Jung Stilling in Gesellschaft eines älteren Chirurgus an, der seine Kenntnisse wieder auffrischen wollte[2]). Ein wunderbares Gemisch von Charakteren und eine sonderbare Unterhaltung muß es gewesen sein. Göthe saß gegen Stilling über, und „er hatte", wie letzterer sagt, „die Regierung am Tische, ohne daß er sie suchte."

Aber so bunt die Tischgesellschaft, so mannichfaltig waren auch die Interessen, welche in Göthe wachgerufen wurden. „Die Jurisprudenz", schreibt er, „fangt an, mir sehr zu gefallen. So ist's doch mit allem, wie mit dem Merseburger Bier, das erstemal schauert man, und hat man's eine Woche getrunken, so kann man's nicht mehr lassen. Und die Chymie ist noch immer meine heimliche Geliebte"[3]). Von Jung

---

[1]) Sämmtliche Werke. Bd. 21. S. 180.

[2]) Joh. Heinr. Jung's genannt Stilling Lebensgeschichte. Stuttgart 1835. S. 270.

[3]) Brief an Fräulein von Klettenberg 26. Aug. 1770 bei

wird berichtet, daß er vorzüglich Göthe veranlaßt habe, die medicinischen und naturwissenschaftlichen Vorlesungen zu besuchen[1]). Mit dem zweiten Semester hörte er Chemie bei Spielmann, Anatomie bei Lobstein[2]), unter dessen Anleitung er später auch die Klinik besuchte und dessen „schöne hippokratische Verfahrungsart" ihm endlich auch seinen Abscheu gegen die Kranken ganz überwinden half[3]). Später ging er auch in das Klinikum von Ehrmann dem Vater und in die geburtshülflichen Vorlesungen seines Sohnes[4]). Am meisten aber wirkte auf ihn Joh. Friedr. Lobstein, einer der ersten Anatomen und Chirurgen der Zeit, dessen Ruhm viele Fremde heranlockte. So erschien auch Herder, um sich von dem Manne, der ein eignes geschätztes Instrument zur Operation der Thränenfistel erfunden hatte[5]), heilen zu lassen. Die Cur zog sich lange hin, aber sie gab Göthe die Gelegenheit zu

---

Schöll Briefe und Aufsätze von Göthe aus den Jahren 1766 —86. Weimar 1846. S. 46.

[1]) Stöber a. a. O. S. 122.
[2]) Sämmtliche Werke. Bd. 21. S. 181.
[3]) Ebendaselbst. Bd. 22. S. 4. Vergl. das Urtheil über Zimmermann Sämmtliche Werke. Bd. 22. S. 257.
[4]) Ebendaselbst. Bd. 21. S. 197.
[5]) Michel. p. 46.

einer innigen Bekanntschaft mit Herder, dessen milde theologische Anschauung und dessen weitgreifende Gedanken über die Entwickelung der Menschheit ihn noch lange Jahre hindurch vielfach leiteten und bestimmten[1]). Das von Schöll herausgegebene Tage- oder Notizbuch Göthe's aus dieser Zeit giebt uns einen Einblick in die mannichfaltigen Anregungen und Beschäftigungen, die ihm hier zukamen[2]) und die bis in seine späteste Zeit nachwirkten. Die Erzählung von den anatomischen Studien Wilhelms, welche sich in dem Schlusse der Wanderjahre findet, und die Beziehung, in welche diese Studien zu der Chirurgie gesetzt werden[3]), hat ganz deutlich die Straßburger Erinnerungen zur Grundlage. Nirgends freilich ist die Beziehung so unmittelbar, als im Faust, der nachweisbar aus der Anschauung des Puppenspiels in Straßburg hervorging[4]) und der uns den jungen Dichter zeigt, wie er, nachdem er alle

---

[1]) Sämmtliche Werke. Bd. 21. S. 234. 240. Bd. 36. S. 14. Bd. 27. S. 37.

[2]) S. Beilage V.

[3]) Sämmtliche Werke. Bd. 19. S. 18. Die weitere Entwickelung der an dieser Stelle ausgesprochenen Gedanken findet sich in einem Schreiben an Beuth über plastische Anatomie. Sämmtliche Werke. Bd. 32. S. 321.

[4]) Schöll a. a. O. S. 131. Stöber S. 11.

Facultäten durchwandert, wieder zu seiner mystischen Geliebten, der Alchymie zurückkehrt, um die „Wahlverwandtschaften" der Körper, die Symbole, vielleicht die Träger der Wahlverwandschaften der Geister, zu schauen[1]).

> Drum hab' ich mich der Magie ergeben.

Man muß diese schönen Tage des Studentenlebens im Elsaß kennen, wenn man die ganze Innigkeit der Zueignung verstehen will, welche dem Faust vorangestellt ist.

> Gleich einer alten halbverklungnen Sage,
> Kommt erste Lieb' und Freundschaft mit herauf.

Vorüber! vorüber! Aber aus dem Schmerz der Trennung rang sich die wahrhaft physiologische Erkenntniß los, das Rechte sei das, was uns, unserer Natur, dem Gesetze unseres Wesens gemäß ist[2]). Aus den Banden der Mystik hob sich frei der Realist, der Humanist empor, und als er 1775 die berühmte Rheinreise mit Basedow und Lavater machte,

> Prophete rechts, Prophete links,
> Das Weltkind in der Mitte,

da war in ihm der ästhetische Zustand für immer

---

[1]) Wegen der Elsässer Beziehungen der Wahlverwandtschaften. Vgl. Stöber. S. 12.

[2]) „Jeder geht in der aufsteigenden Linie seiner Ausbildung fort, so wie er angefangen." Eckermann. I. S. 220.

gefunden. Der mystische Züricher Diakonus hat das Verdienst, ihm, wie später Gall[1]), eine nächste Brücke zur Fortsetzung seiner Naturstudien geboten zu haben, denn Göthe ward der eifrigste Mitarbeiter an dem großen physiognomischen Werke Lavater's, zu dem er zahlreiche Zeichnungen, besonders von Thierköpfen, Gedicht und Text geliefert hat[2]). Die Physiognomik führte zur Knochenlehre[3]), nicht bloß zum Zwischenkiefer, sondern auch zur Wirbeltheorie des Schädels, und wenn es mir gelungen ist, durch die genauere Darlegung des Einflusses, welchen die Wirbelkörper des Schädelgrundes auf die Bildung und Anordnung der Knochen nicht bloß des Schädels, sondern auch des Gesichts ausüben, die Ahnungen Lavater's von der Bedeutung der starren architektonischen Grundlagen des Knochenbaues für die künstlerische und physiognomische Auffassung zur Klarheit zu entwickeln, so verdanke ich es wesentlich der Anwendung jener genetischen Methode und der weiteren Entwickelung jener Wirbeltheorie, die Göthe geschaffen hat[4]).

[1]) Riemer. Briefe an und von Göthe. S. 300. Die Anwesenheit des berühmten Phrenologen in Weimar fällt in 1806.

[2]) Sämmtliche Werke. Bd. 25 S. 195. Vergl. Bd. 22 S. 372. Eckermann. II. S. 70.

[3]) Siehe Beilage VI.

[4]) Siehe Beilage VII.

Ich sage geschaffen, denn ich halte die Bedenken, welche der sonst so gerechte Lewes in diesem Punkte gegen die Prioritäts=Ansprüche Göthe's zugelassen hat[1]), und welche die meisten Naturforscher in dieser oder jener Weise theilen, nicht für gerechtfertigt. Weder Peter Frank, noch Oken können das Recht in An=spruch nehmen, die Entdeckung der Wirbeltheorie des Schädels gemacht zu haben[2]). Die Zeit der Ent=deckung ist durch den, erst in der neuesten Zeit be=kannt gewordenen Briefwechsel Göthe's mit der Fa=milie Herder sicher festgestellt, und alle Anschuldigun=gen, besonders Oken's, sind dadurch endgültig wider=legt. Unter dem 4. Mai 1790 schreibt Göthe aus Venedig an Herder's Gattin: „Durch einen sonder=bar glücklichen Zufall, daß Götze (sein Diener) zum Scherz auf dem Judenkirchhofe ein Stück Thierschädel aufhebt und ein Späßchen macht, als wenn er mir einen Judenkopf präsentirte, bin ich einen großen Schritt in der Erklärung der Thierbildung vorwärts gekommen."[3]) _ Dies war der zerschlagene Schöpsen=kopf, an dem sich augenblicklich der Ursprung des

---

[1]) G. H. Lewes The life and works of Goethe. Leipz. 1858. II. p. 135 sq.

[2]) Siehe Beilage VIII.

[3]) Aus Herder's Nachlaß. I. S. 121.

Schädels aus Wirbelknochen offenbarte und damit das Geheimniß der knöchernen Grundlage des nachmals sogenannten „Wirbelthieres" erschloß¹).

Pouchet hat geglaubt, diese Epoche machende Entdeckung auf jene wunderbare Faustfigur des 13. Jahrhunderts, Albertus Magnus, der eine Zeit lang Bischof in Regensburg war, zurückführen zu können²). Bei der genauesten Durchsicht des Thierbuches, welches uns der große Predigermönch hinterlassen hat, habe ich keine Stelle der Art aufgefunden. Göthe hat das wichtige Gesetz erkannt, nicht auf fremde Anregung, sondern aus eigenem Drange des Forschens. Wie er schon bei seiner ersten italienischen Reise von der Physiognomik zur Kunst fortschritt, so ist er nachher von da zur Wissenschaft gegangen, um den geheimnißvollen Bau des menschlichen Kopfes zu ergründen. In Rom stand er in künstlerischer Bewunderung vor dem Schädel Raphael's in der Akademie Luca³); in Weimar fiel ihm die schwerere Aufgabe zu, den Schädel Schiller's, der mit anderen zusammen in einer Gruft gefunden ward⁴),

---

¹) Sämmtliche Werke. Bd. 40 S. 447 u. 527.
²) Siehe Beilage IX.
³) Sämmtliche Werke. Bd. 24 S. 261 u. 290.
⁴) Palleste. II. S. 415.

wieder zu bestimmen und so noch über das Grab
hinaus den geliebten Freund zu schützen, den er so
lange überlebte. Wie rührend ist der Gesang des
Greises, als er das todte Gebein ergreift:
>Geheim Gefäß! Orakelsprüche spendend,
>Wie bin ich werth dich in der Hand zu halten?

Das war im Jahre 1826. Noch stand der 77jäh=
rige Mann ungebeugt da. Aber auch seine Sonne
neigte sich zum Niedergang. Längst waren die Tage
vorüber, wo er mitten im Winter zu Pferd den
Harz durchstreifte, von süßer Frauen Lieb' geleitet.
Damals sang er:
>Umgieb mit Wintergrün,
>Bis die Rose wieder heranreift,
>Die feuchten Haare,
>O Liebe, deines Dichters!

Jetzt deckte des Lorbeers ewiger Schmuck das kühlere
Haupt. Die Geschicke dieser Welt erschütterten ihn
wenig mehr. Die Julirevolution hatte eine alte Dy=
nastie auf immer von dem Throne geworfen. Ecker=
mann besuchte ihn am Tage, wo diese Nachricht in
Weimar anlangte. „Nun!" rief Göthe ihm beim Ein=
tritte entgegen, „was denken Sie von dieser großen
Begebenheit? Der Vulkan ist zum Ausbruch ge=
kommen; Alles steht in Flammen, und es ist nicht
ferner eine Verhandlung bei geschlossenen Thüren!"

Und als sich Eckermann unwillig über das französische Ministerium, das an Allem Schuld sei, äußerte, da sagte der alte Naturforscher: "Wir scheinen uns nicht zu verstehen. Ich rede gar nicht von jenen Leuten; es handelt sich bei mir um ganz andere Dinge! Ich rede von dem in der Akademie zum öffentlichen Ausbruch gekommenen, für die Wissenschaft so höchst bedeutenden Streit zwischen Cuvier und Geoffroy-St. Hilaire."[1])

Geoffroy's Streit war Göthe's Streit. Denn der berühmte Verfasser der Philosophie anatomique hatte es übernommen, die Methode des deutschen Dichters in Frankreich zur Geltung zu bringen. Ihm gegenüber stand der größte lebende Kenner des Thierreiches, Georges Cuvier, ein alter Eleve der Carlsschule zu Stuttgart, der den wissenschaftlichen Ernst von Kielmeyer gelernt hatte. Und dieser wieder war ein junger, wenig beachteter Mensch gewesen, als sein Mitschüler Schiller die Akademie verließ. Geoffroy und Cuvier — beide kämpften mit Waffen, in deutschem Feuer gehärtet[2]).

---

[1]) Eckermann. III. S. 339. Vgl. 353.
[2]) Siehe Beilage X.

Da hielt es den alten Helden nicht länger. Noch einmal faßte er den Griffel und schrieb mit sicherer Hand das Urtheil über die Prinzipien der Philosophie des Thierlebens. Galt es doch, den philosophischen Denker gegen die herbe Kritik des strengen Forschers zu schirmen. Und noch ein zweites Mal — es vergingen dazwischen zwei Jahre — setzte er an und entrollte ein Gemälde von dem Entwickelungsgange der wissenschaftlichen Zoologie, wie er selbst ihn mitgemacht hatte. Seine großen Zeitgenossen, die nun alle dahingegangen waren, die Führer in Anatomie und Zoologie ließ er, wie ein Feldherr, vor dem Auge seines Geistes vorüberziehen. Da kam der edle Graf Buffon, dessen Naturgeschichte in demselben Jahre erschienen war, da Göthe geboren ward. Da kam Daubenton, dessen Forscherblick zuerst die Verbindung des Schädels mit der Wirbelsäule schärfer erfaßte. Da Petrus Camper, der würdige Holländer, der den Gesichtswinkel entdeckt. Da erschienen die Freunde, Thomas Sömmerring und Merck, die treuesten Helfer in den Tagen der Jugend.

Die Heerschau ging zu Ende. Der lorbeergeschmückte Feldherr durfte sich den hohen Verblichenen ebenbürtig erachten. Und so schrieb er das Datum unter die Schrift:

Weimar, im März 1832.

Darnach schrieb er nichts mehr. Am 22. März schaute sein Auge dieses Licht zum letztenmal. Und sein letztes Wort war:

Mehr Licht!

Beilagen.

I.

Farbenlehre.

(Zu S. 21 u. 24.)

Bei der leidenschaftlichen Heftigkeit, mit der noch jetzt Göthe's Verdienste um die Farbenlehre von einzelnen seiner Anhänger discutirt werden, mag es wohl gerathen sein, auf die Urtheile unseres großen Physiologen hinzuweisen. Der verstorbene Johannes Müller hatte nach seiner eigenen Erklärung gerade durch das Studium der Göthe'schen Schriften die stärkste Anregung zu seinen Untersuchungen über das Sehen empfangen. Aber es konnte ihm nicht entgehen, daß die Erklärung, wonach die Farbe nur ein „Schattiges," aus einer Vermischung von weißem Licht mit Dunkel hervorgegangen, sein sollte, keine Erklärung ist, insofern weder der Schatten, noch das Dunkel etwas positives ist. „Dunkel ist physiologisch, worauf doch Alles in dieser Frage zuletzt zurückkommt, nur derjenige Theil des Auges, wo die Nervenhaut im Zustande der Ruhe empfunden wird." [1] Müller besprach daher offen jenen Grundirrthum der Lehre und faßte schließlich sein gewiß sehr gerechtes und wohl erwogenes Urtheil dahin zusam=

---

[1] Joh. Müller Handbuch der Physiologie des Menschen. Coblenz 1840. II. S. 300.

men: „Göthe's große Verdienste um die Farbenlehre betreffen nicht die Hauptfrage von den Ursachen der prismatischen Farben. Es ist hier nicht der Ort, seine erfolgreichen Bemühungen in Hinsicht der physiologischen Farben, der moralischen Wirkungen der Farben und der Geschichte der Farbenlehre auseinanderzusetzen." Indeß kommt er später wiederholt auf Göthe zurück, so bei der Untersuchung der Nachbilder, der farbigen Schatten, der Contraste und der Phantasmen.[1]

Die neuere physiologische Optik hat aber gelehrt, daß auch noch in einem anderen wichtigen Punkte, nämlich in der Lehre von den Complementärfarben Göthe sich zu sehr durch Erfahrungen bestimmen ließ, welche die Technik der Maler ihm darbot. Bei der Mischung der Malerfarben giebt Blau und Gelb allerdings Grün, aber nicht bei der Mischung der Spectralfarben, und zwar aus dem Grunde, weil die Aetherwellen im ersten Fall nicht wirklich gemischt, sondern vielmehr ausgesondert werden.[2] Daher lautet allerdings das Urtheil der Gegenwart eher strenger, als milder. „Es sind," sagt Helmholtz, „die Göthe'schen Darstellungen eben nicht als physikalische Erklärungen, sondern nur als bildliche Versinnlichungen des Vorganges aufzufassen. Er geht überhaupt in seinen naturwissenschaftlichen Arbeiten darauf aus, das Gebiet der sinnlichen Anschauung nicht zu verlassen; jede physikalische Erklärung muß aber zu den Kräften aufsteigen und die können natürlich nie Objecte der sinnlichen Anschauung werden, sondern nur Objecte des begreifenden Verstandes. Die Versuche,

---

[1] Joh. Müller Handbuch der Physiologie des Menschen. II. S. 367. 373. 375.

[2] Ludwig Physiologie. Leipz. u. Heidelb. 1858. I. S. 304.

welche Göthe in seiner Farbenlehre angiebt, sind genau beobachtet und lebhaft beschrieben, über ihre Richtigkeit ist kein Streit. Die entscheidenden Versuche mit möglichst gereinigtem, einfachem Lichte, auf welche Newton's Theorie gegründet ist, scheint er nie nachgemacht oder gesehen zu haben. Seine übermäßig heftige Polemik gegen Newton gründet sich mehr darauf, daß dessen Fundamentalhypothesen ihm absurd erscheinen, als daß er etwas Erhebliches gegen seine Versuche oder Schlußfolgerungen einzuwenden hätte. Der Grund aber, weßhalb ihm Newton's Annahme, das weiße Licht sei aus vielfarbigem zusammengesetzt, so absurd erschien, liegt wieder in seinem künstlerischen Standpunkte, der ihn nöthigte, alle Schönheit und Wahrheit unmittelbar in der sinnlichen Anschauung ausgedrückt zu suchen. Die Physiologie der Sinnesempfindungen war damals noch unentwickelt, die Zusammensetzung des Weiß, welche Newton behauptete, war der erste empirische Schritt zu der Erkenntniß der nur subjectiven Bedeutung der Sinnesempfindungen. Und Göthe hatte daher ein richtiges Vorgefühl, wenn er diesem ersten Schritt heftig opponirte, welcher den „schönen Schein" der Sinnesempfindungen zu zerstören drohte."[1]

Dieses Urtheil klingt allerdings hart, aber man darf auch nicht übersehen, wie sehr Göthe selbst während des Studiums die mehr subjective Bedeutung seiner Erfahrungen erkannte. 1796 schreibt er an Schiller: „Die Naturbetrachtungen freuen mich sehr. Es scheint eigen, und doch ist es erfreulich, daß zuletzt eine Art von subjectivem Ganzen herauskommen muß. Es wird, wenn Sie wol-

---

[1] Helmholtz Physiol. Optik (Encyclop. der Physik IX). S. 267. (416)

len, eigentlich die Welt des Auges, die durch Gestalt und Farbe erschöpft wird. Denn wenn ich recht Acht gebe, so brauche ich die Hülfsmittel anderer Sinne nur sparsam, und alles Raisonnement verwandelt sich in eine Art von Darstellung."[1]) Und noch mehr bezeichnend ist vielleicht die folgende Stelle: „Und so war ich, ohne es beinahe selbst bemerkt zu haben, in ein fremdes Feld gelangt, indem ich von der Poesie zur bildenden Kunst, von dieser zur Naturforschung überging, und dasjenige, was nur Hülfsmittel sein sollte, mich nunmehr als Zweck anreizte. Aber als ich lange genug in diesen fremden Regionen verweilt hatte, fand ich den glücklichen Rückweg zur Kunst durch die physiologischen Farben und durch die sittliche und ästhetische Wirkung derselben überhaupt."[2])

Schließlich möge hier noch auf das persönliche Zusammentreffen Johannes Müllers mit Göthe im Jahre 1828 hingewiesen sein, von welchem ersterer Mittheilung macht.[3]) Die Unterhaltung betraf hauptsächlich den Punkt der willkürlichen Erzeugung phantastischer Gesichtserscheinungen, welche Göthe in einem so hohen Maße besaß, daß Müller schon früher wiederholt mit Bewunderung dabei verweilte.[4])

---

[1]) Briefwechsel I. S. 242.
[2]) Sämmtliche Werke Bd. 39. S. 457.
[3]) Joh. Müller Handbuch der Physiol. II. S. 567.
[4]) Joh. Müller. Ueber die phantastischen Gesichtserscheinungen. Coblenz 1826. S. 48. 83.

II.
Der Dichter als Naturforscher.
(Zu S. 24.)

So nahe liegt die Frage, was dem Dichter das Naturforschen genutzt habe, daß die meisten nur sie aufwerfen. Denn sie glauben daraus zunächst ersehen zu können, weßhalb er sich der Naturforschung in einem so ungewöhnlichen Grade und so dauerhaft hingegeben habe. Aber es giebt noch eine andere Frage, deren Beantwortung zugleich, vielleicht mehr noch als jene, das Bedürfniß des Dichters zur Naturbetrachtung erkennen ließe: das ist die Frage, in wie weit der Dichter gerade in seiner poetischen Begabung die Kraft gefühlt habe, auch der Natur Herr zu werden. Denn mit dem Bewußtsein, solche Kraft zu besitzen, mußte ja auch sofort das Streben, sie zu benutzen, gegeben sein, und der Erfolg konnte wieder den Grund des Fortschreitens auf der betretenen Bahn enthalten. Möge man in diesem Sinne nachstehendes Urtheil von Johannes Müller prüfen.

An einer Stelle, wo er entwickelt, daß die Phantasie von der Idee bestimmt werde und nur in der Sphäre des von der Idee beigebrachten Begriffs der Form wirke, sagt der berühmte Physiolog Folgendes: „Wer davon sich einen deutlichen Begriff machen will, lese Göthe's meisterhafte Schilderung des Nagethieres und seiner geselligen Beziehungen zu anderen Thieren in der Morphologie. Nichts Aehnliches ist aufzuweisen, was dieser aus dem Mittelpunkte der Organisation entworfenen Projection gleich käme. Irre ich nicht, so liegt in dieser Andeutung die Ahndung eines fernen Ideals der Naturgeschichte. So siehst du den Wirbel auch zum Schädel sich ausbilden, das Blatt zum Blumenblatte werden, das Athemorgan als Lunge, als Kieme unter den mannichfaltigsten Formen einer nach außen oder nach innen sich im kleinsten Raume vermehrenden Fläche dasselbe bleiben."[1]) Und weiterhin: „In dem Künstler und dem vergleichenden Naturforscher bewegt sich das plastische Phantasieleben nur innerhalb der Sphäre des Begriffs. Der Naturforscher spricht das Gesetz der Formenbildung und Verwandlung aus, er sieht es nur in dem Wirklichen und Natürlichen verwirklicht. Die Phantasie des Künstlers ist auch nur in diesem Gesetze thätig, aber sie verläßt seine Verwirklichung im Wirklichen und Natürlichen, und erhebt sich, in denselben Gesetzen sich bewegend und fortschreitend, ohne den Begriff zu verlassen, über das Wirkliche zur idealen Form, die Selbstzweck und nicht mehr ein Ausdruck innerer Functionen und als solcher immerhin durch diese beschränkt ist. Wundern wir uns darum nicht, wenn einer und derselbe das Größte in beiden Richtungen erreicht hat. Nur durch eine nach der erkannten Idee des lebendigen Wechsels wirkende plastische Imagination entdeckte Göthe die Metamorphose der Pflanzen, eben darauf beruhen seine Fortschritte in der vergleichenden Anatomie und seine höchst geistige, ja künstlerische Auffassung dieser Wissenschaft."

Möge man damit Lavater's Urtheil über Göthe, welches uns dieser selbst mittheilt[2]), vergleichen: „Dein Bestreben, Deine unablenkbare Richtung ist, dem Wirk-

---

[1]) J. Müller. Ueber phantastische Gesichtserscheinungen. S. 104.
[2]) Sämmtliche Werke. Bd. 22 S. 340.

lichen eine poetische Gestalt zu geben; die Andern suchen das sogenannte Poetische, das Imaginative zu verwirklichen und das giebt nichts wie dummes Zeug."

III.
Zwischenkiefer.
(Zu S. 47.)

Die Frage von dem Zwischenkiefer (os intermaxillare), einem kleinen, zwischen die zwei Hälften des Oberkiefers eingeschobenen und die oberen Schneidezähne tragenden Knochen, ist schon sehr alt, wurde aber zu Göthe's Zeit insbesondere durch Camper, einen holländischen Anatomen, wieder angeregt. In dem Briefwechsel zwischen den Freunden spielt sie eine große Rolle. Die ersten, genauer eingehenden Bemerkungen darüber finde ich in Briefen Blumenbach's an Sömmerring[1]) von 1781, und sie sind insofern literarhistorisch von besonderem Interesse, als sich die betreffenden Stellen daraus fast wörtlich, und zwar ohne Angabe des Verfassers, in Göthe's Excerpten[2]) finden. Indeß folgt daraus nichts in Beziehung auf die Originalität der Entdeckung Göthe's. Denn erst 1785, als er schon seine Abhandlung geschrieben und durch Merck[3]) an Camper und Sömmerring mitgetheilt hatte, schickte ihm dieser die Briefe Blumenbach's[4]). Die Haupt-

---
[1]) Sömmerring's Briefwechsel von R. Wagner. I. S. 297 u. 298.
[2]) Sämmtliche Werke. Bd. 36 S. 237 unten bis 239.
[3]) Sömmerring's Briefwechsel. S. 3.
[4]) Ebendaselbst. S. 8.

anregung ist an Göthe wohl durch Merck gekommen¹), der schon 1782 sich der Osteologie zugewendet hatte und gerade über den Zwischenkiefer von Sömmerring specielle Belehrung einholte. Allein so wenig Gewicht legte dieser letztere auf die ihm doch schon ein Jahr früher zugekommenen brieflichen Bemerkungen Blumenbach's, daß er sagt, das os intermaxillare sei „caeteris paribus der einzige Knochen, den alle Thiere vom Affen an, selbst der Orang-Utang eingeschlossen, haben, der sich hingegen nie beim Menschen findet; wenn Sie diesen Knochen abrechnen, so fehlt Ihnen Nichts, um nicht Alles vom Menschen auf die Thiere transferiren zu können."²) Die ersten Spuren von Göthe's Theilnahme an diesem „Knochenwesen" zeigen sich in seinen Briefen an Charlotte von Stein und Herder, die, wie es scheint, am 27. März 1784, von Jena aus geschrieben sind. An die Geliebte schreibt er: „Es ist mir ein köstliches Vergnügen geworden, ich habe eine anatomische Entdeckung gemacht, die wichtig und schön ist. Du sollst auch dein Theil dran haben. Sage aber niemand ein Wort. Herdern kündigts auch ein Brief unter dem Siegel der Verschwiegenheit an. Ich habe eine solche Freude, daß sich mir alle Eingeweide bewegen."³) Und dem Freund berichtet er: „Nach Anleitung des Evangelii muß ich dich auf das eiligste mit einem Glücke bekannt machen, das mir zugestoßen ist. Ich habe gefunden — weder Gold, noch Silber, aber was mir unsägliche Freude macht,

    das os intermaxillare am Menschen!

---

1) Carus Göthe. S. 36.
2) Merck's Briefwechsel. S. 354 vgl. S. 364.
3) Göthe's Briefe an Frau von Stein, herausgeg. von Schöll. Weimar 1851. III. 31.

Ich verglich mit Lodern Menschen- und Thierschädel, kam auf die Spur, und siehe da ist es. Nun bitt' ich Dich, laß dich nichts merken; denn es muß geheim behandelt werden. Es soll dich auch recht herzlich freuen; denn es ist wie der Schlußstein zum Menschen, fehlt nicht, ist auch da! Aber wie! Ich habe mirs auch in Verbindung mit Deinem Ganzen gedacht, wie schön es da wird."[1]) Welche herzliche, welche lebendige Freude! Bald nachher (13. oder 14. April?) schreibt er wieder an Charlotte: „Mir geht es gut und freudig in der weiteren Ausarbeitung des Knöchleins. Wir haben Löwen und Wallrosse gefunden und mehr interessantes. Es wird aber nicht so auf Einen Ruck gehen, wie ich dachte, und uns weiter führen." Und wieder später (Jena, 7. Mai?): „Ich habe mich in die Stille begeben, um dir zu schreiben, nun wird bald Loder kommen und es werden Anatomica zur Erholung und Ergötzung der Seele vorgenommen." Am 23. April 1784 meldet er die Entdeckung an Merck und schon am 6. August spricht er von seiner „Inauguraldissertation, durch welche ich mich bei Eurem docto corpore zu legitimiren gesonnen bin."[2]) Und mit welchem Eifer treibt er von allen Seiten das Material zusammen. Von Sömmerring ließ er sich aus Cassel einen Elephantenschädel schicken, der ihm „für seine Untersuchung unschätzbar" war und dessen fast in allen Briefen aus dieser Periode (Juni 1784) gedacht wird. In Braunschweig befand sich ein Elephantenfötus. Er will dahin, um „ihm ins Maul zu sehen"; er „weiß nicht, wozu ein solches Monstrum in Spiritus taugt, wenn man es nicht

---

[1]) Aus Herder's Nachlaß. I. 75.
[2]) Merck's Briefwechsel. S. 421 u. 430 vgl. 440 Note.

zergliedert und den innern Bau aufklärt." Endlich schickt er die Abhandlung. Aber die Freunde wollen von der „Inaugural=Dissertation" nicht viel wissen. Sömmerring nennt sie einen „in manchem Betracht sehr artigen Aufsatz," aber er erkannte ihre Hauptsätze nicht an und wollte die Sache Göthe ausreden[1]). Auch Merck schien von der „Wahrheit des Afferti" nicht durchdrungen zu sein und Göthe schickte ihm daher Knochenpräparate[2]), um ihn und Sömmerring zu überzeugen. Indeß bemerkt er von letzterem: „Ich glaube noch nicht, daß er sich ergiebt. Einem Gelehrten von Profession traue ich zu, daß er seine fünf Sinne abläugnet. Es ist ihnen selten um den lebendigen Begriff der Sache zu thun, sondern um das, was man davon gesagt hat."[3]) Aber auch Merck stellt sich noch manchen Monat später sehr erstaunt, daß Vicq d'Azyr (was übrigens nicht der Fall war[4]) „sogar Göthe's sogenannte Entdeckung in sein Werk aufgenommen habe."[5])

An Camper wurde das Manuscript durch Merck 1785 ohne Angabe des Namens des Verfassers geschickt[6]). Die Antwort dieses vortrefflichen Gelehrten verdient im Original[7]) nachgelesen zu werden. La vue de ce beau manuscrit m'a frappé, j'attendais un livre imprimé, une lettre indicative, je rencontre un manuscrit très élégant, admirablement bien écrit, c'est-

---

[1]) Ebendaselbst. S. 438 u. 440.
[2]) Ebendaselbst. S. 439.
[3]) Ebendaselbst. S. 445.
[4]) Ebendaselbst. S. 493.
[5]) Sömmerring's Briefwechsel. S. 293.
[6]) Merck's Briefwechsel. S. 449.
[7]) Ebendaselbst. S. 467.

à-dire d'une main admirable! sans nom de l'auteur!
Er bespricht die Sauberkeit der Tafeln, erkennt aber nicht
an, daß sie „nach der Camper'schen Methode" gezeichnet
seien; er kritisirt das unklare und ungenaue Latein, erkennt
die Sorgfalt der Untersuchung an, aber leugnet das Vor-
kommen des Knochens beim Menschen. Jedoch als ernsthafter Naturforscher setzt er hinzu: Je dois réexaminer
tout cela. Auch machte er sich sofort ans Werk, und
nachdem er inzwischen erfahren, daß Göthe der Verfasser
sei, schrieb er zurück, er habe sich überzeugt, daß der Zwischenkiefer beim Menschen nicht existire[1]). An Göthe selbst
scheint er mit mehr Zurückhaltung geschrieben zu haben;
dieser bemerkt darüber, der Brief sei sehr interessant[2]) und
Camper habe „allen billigen Antheil an der Sache genommen," aber seine Art der Ablehnung kränkte ihn tief,
und noch in seiner letzten Schrift vom März 1832 nannte
er es eine „unbesonnene Gutmüthigkeit," die Abhandlung
an Camper übersendet zu haben[3]).

Camper war ein Naturforscher von Geist und Herz[4]).
Wie er bei der Sache war, das zeigt folgende Stelle in
einem Briefe an Georg Forster: Je ne vivrai pas assez
longtemps pour voir tous mes désirs satisfaits; mais
savoir est quelque chose, et contempler les choses
en général, quelle volupté![5]) Und dazu war Camper
ein wahrer Kunstverständiger. Aber welcher Unterschied von

---

[1]) Ebendaselbst. S. 481.
[2]) Sömmerring's Briefwechsel. S. 10. Vgl. Sämmtliche
Werke. Bd. 36 S. 245.
[3]) Sämmtliche Werke. Bd. 40 S. 509.
[4]) Göthe. Sämmtliche Werke. Bd. 40 S. 505.
[5]) Joh. Georg Forster's Briefwechsel. Herausgegeben
von Th. H. geb. H. Leipzig 1829. II. S. 769.

Göthe, wenn er in demselben Briefe sagt: La Providence n'a jamais eu la beauté pour but dans la création des animaux, mais elle a sue arranger de mille façons les dispositions des organes des animaux pour les faire servir à son but destiné. L'homme, le singe, le cheval, l'élan sont tous également parfaits, aucun est beau, et si nous y trouvons de la beauté, c'est par habitude et convenance. Und so sagt auch Merck: „Indem ich die Thierköpfe mehr mit einander vergleiche, leuchtet mir immer der Unsinn von Schönheit der Form mehr in die Augen. Alles nur dünkt mich nothwendig, und nichts ist schön, sondern bloß auf die Nahrung des Thieres eingerichtet"[1]). Und so begriffen sie auch nicht, woran Göthe keinen Augenblick zweifelte, daß der Mensch einen Zwischenkiefer haben müsse und daß das allgemeine Gesetz hier nicht ausfallen könne.

Ganz selbstständig, ohne von Göthe etwas zu wissen, kam wenige Jahre nachher Autenrieth zu derselben Entdeckung[2]). Dieser sorgsame Forscher bemerkt, daß Nesbitt[3]) der Einzige gewesen sei, der früher eine Andeutung von dieser allgemeinen Erscheinung gegeben habe. Nachher ist die Thatsache allmählich überall anerkannt worden und namentlich hat M. J. Weber durch eine zweckmäßige Behandlung der Knochen (mit verdünnter Salpetersäure) das Mittel gefunden, die Trennung derselben vollständiger zu bewerkstelligen[4]). Freilich hat auch in der neuesten

---

[1]) Sömmerring's Briefwechsel. S. 290.
[2]) J. H. F. Autenrieth. Supplementa ad historiam embryonis humani. Tubing. 1797. p. 67.
[3]) Rob. Nesbitt Osteologia. p. 195. Osteogenie, aus dem Engl. Altenburg 1753. S. 58.
[4]) Frorieps Notizen. 1828. Bd. 19 S. 282.

Zeit die Opposition sich nicht ganz beschwichtigt¹), indeß kann man im Ganzen sagen, daß schon zur Zeit, als endlich Göthe's Originalzeichnungen in würdiger Gestalt veröffentlicht wurden, die große Mehrzahl der Osteologen ihre Zustimmung erklärt hatten. Die Leopoldinische Akademie hat das Verdienst, diese Publikation bewerkstelligt zu haben. 1824 erschien in ihren Abhandlungen die Abbildung des Elephanten-Schädels²); 1831 folgte die Darstellung des Zwischenkiefers mit den ursprünglichen Abbildungen³), von denen nachher ein Theil in den Atlas übergegangen ist, welcher die französische Uebersetzung von Göthe's naturhistorischen Arbeiten durch Martins begleitet.

In ähnlicher Weise, wie mit dem Zwischenkiefer, beschäftigte sich Göthe späterhin im genauesten Einzelnen mit mehreren anderen Knochen. Wiederholt kommt er auf die Besprechung der Gehörknochen zurück⁴); namentlich aber, und selbst in der letzten Zeit seines Lebens, waren es die Röhrenknochen des Armes und Beines, welche er sowohl vom einfachen vergleichend-anatomischen, als auch vom physiologisch-teleologischen Standpunkte auf das Genaueste betrachtete⁵). Selbst die Vergleichung der Knochen der Ober- und Unterextremität mit einander

---

¹) Vgl. die Streitigkeiten zwischen Emm. Rousseau und Larcher. Gaz. hebdom. de méd. et chirurgie. 1858. p. 907. 1859. p. 23, 59 et 91.

²) Nova Acta Acad. Carol. Leopold. Nat. Curios. XII. 1. p. 324.

³) Ibidem XV. 1. pag. 1.

⁴) Sämmtliche Werke. Bd. 36 S. 355 u. 296.

⁵) Ebendaselbst. S. 359 u. 361.

deutet er an, von der er übrigens zugesteht, daß sie schon vor ihm angestellt sei.¹) Göthe's Uebersetzer, Martins, hat diese Frage später wieder aufgenommen und sorgfältig durchgeführt²), wobei ich bemerke, daß in Deutschland schon früher eine sehr sorgfältige Arbeit darüber von Falguerolles aus Bremen veröffentlicht ist³).

IV.
Göthe's Naturauffassung.
(Zu S. 48.)

Ueber sein Verhältniß zur Natur hat sich Göthe so gern und vielfach ausgesprochen, daß ich der Erinnerung an ihn nicht besser genügen zu können glaube, als indem ich hier noch einige seiner schönen Sätze zusammenstelle. Wenige Bemerkungen mögen hinzugefügt sein.

Am 18. October 1827 war Hegel bei Göthe zum Thee und das Gespräch hatte sich längere Zeit um das Wesen und die Vorzüge der Dialektik gedreht. Gegen die Angriffe des Dichters hatte der Philosoph bemerkt, daß nur von Geistig-Kranken die Kunst der Dialektik dazu mißbraucht werde, um das Falsche wahr und das Wahre falsch zu machen. Hiergegen sagte Göthe: „Da lobe ich mir

---

¹) Sämmtliche Werke. Bd. 36. S. 328.

²) Ch. Martins Nouvelle comparaison des membres pelviens et thoraciques chez l'homme et chez les mammifères, déduite de la torsion de l'humérus (Mém. de l'Acad. des sciences de Montpellier. T. III. p. 471). Montpellier 1857.

³) Falguerolles Diss. inaug. med. de extremitatum analogia. Erlang. 1785.

das Studium der Natur, das eine solche Krankheit nicht aufkommen läßt. Denn hier haben wir es mit dem unendlich und ewig Wahren zu thun, das Jeden, der nicht durchaus rein und ehrlich bei Beobachtung und Behandlung seines Gegenstandes verfährt, sogleich als unzulänglich verwirft. Auch bin ich gewiß, daß mancher dialektisch Kranke im Studium der Natur eine wohlthätige Heilung finden könnte."[1]

Wenige Monate zuvor hatte er sich so geäußert: „Wenn nur die Menschen das Rechte, nachdem es gefunden, nicht wieder umkehrten und verdüsterten, so wäre ich zufrieden; denn es thäte der Menschheit ein Positives noth, das man ihr von Generation zu Generation überlieferte, und es wäre doch gut, wenn das Positive zugleich das Rechte und Wahre wäre. In dieser Hinsicht sollte es mich freuen, wenn man in der Naturwissenschaft aufs Reine käme, und sodann im Rechten beharrte und nicht wieder transscendirte, nachdem im Faßlichen Alles gethan worden. Aber die Menschen können keine Ruhe halten und ehe man es sich versieht, ist die Verwirrung wieder oben auf."[2]

Ueber seine Methode sagt er Folgendes: „Ich besaß die entwickelnde, entfaltende Methode, keinesweges die zusammenstellende, ordnende; mit den Erscheinungen neben einander wußt' ich nichts zu machen, hingegen mit ihrer Filiation mich eher zu benehmen."[3] „Ich hielt an dem Gedanken fest: man solle die Bestimmung jedes Theils für sich und sein Verhältniß zum Ganzen zu erforschen

---

[1] Eckermann. III. S. 222.
[2] Ebendaselbst. I. S. 339.
[3] Sämmtliche Werke. Bd. 27. S. 495.

trachten, das eigene Recht jedes einzelnen anerkennen und die Einwirkung aufs Uebrige zugleich im Auge behalten, wodurch denn zuletzt Nothwendiges, Nützliches und Zweckmäßiges am lebendigen Wesen müßte zum Vorschein kommen."[1])

Hieraus begreift man, wie innig sich das Verständniß des Dichters den Erscheinungen der Natur und Kunst anpaßte, und wie es ihn ergriff, als der Arzt Heinroth in seiner Anthropologie, indem er Göthe's Denkvermögen als ein gegenständlich thätiges bezeichnete, mit dem Einen Worte sein Wesen ausdrückte[2]). In Beziehung auf die Kunst hatte Göthe lange vorher dies selbst klar ausgesprochen, als er von Rom schrieb: "In der Kunst muß ich es so weit bringen, daß alles anschauende Kenntniß werde, nichts Tradition und Namen bleibe."[3])

Mit einer solchen anschauenden Kenntniß, einem solchen gegenständlichen Wissen mußte Göthe's Vorstellung von der Allgemeinheit allerdings weit auseinandergehen mit jenen schwächlichen Richtungen empfindsamer Rationalität, welche damals so viele beherrschten. Ueber seinen Hylozoismus, wie er es nannte, hat er sich sehr früh ausgesprochen[4]) und es mag genügen, auf diese Stellen hinzuweisen. Dagegen kann ich es mir nicht versagen, einen beherzigungswerthen Passus aus späterer Zeit hier ganz anzufügen:

"Es ist dem Menschen natürlich, sich als das Ziel der

---

[1]) Sämmtliche Werke. Bd. 36. S. 254. Vergl. in den Gedichten die Urworte (Orphisch).
[2]) Ebendaselbst. Bd. 40. S. 444.
[3]) Ebendaselbst. Bd. 24. S. 90.
[4]) Ebendaselbst. Bd. 25. S. 159. Vergl. Göthe's Briefe an Lavater, herausgeg. von Hirzel. Leipzig 1833. S. 4. 44. 152.

Schöpfung zu betrachten und alle übrigen Dinge nur in Bezug auf sich und insofern sie ihm dienen und nützen. Er bemächtigt sich der vegetabilischen und animalischen Welt, und indem er andere Geschöpfe als passende Nahrung verschlingt, erkennt er seinen Gott und preiset dessen Güte, die so väterlich für ihn gesorget. Der Kuh nimmt er die Milch, der Biene den Honig, dem Schaf die Wolle, und indem er den Dingen einen ihm nützlichen Zweck giebt, glaubt er auch, daß sie dazu sind geschaffen worden. Ja, er kann sich nicht auch denken, daß nicht auch das kleinste Kraut für ihn da sei, und wenn er dessen Nutzen noch gegenwärtig nicht erkannt hat, so glaubt er doch, daß solcher sich künftig ihm entdecken werde. — Und wie der Mensch nun im Allgemeinen denkt, so denkt er auch im Besonderen, und er unterläßt nicht, seine gewohnte Ansicht aus dem Leben auch in die Wissenschaft zu tragen und auch bei den einzelnen Theilen eines organischen Wesens nach deren Zweck und Nutzen zu fragen. Dies mag auch eine Weile gehen und er mag auch in der Wissenschaft eine Weile damit durchkommen; allein gar bald wird er auf Erscheinungen stoßen, wo er mit einer so kleinen Ansicht nicht ausreicht, und wo er, ohne höheren Halt, sich in lauter Widersprüchen verwickelt. Solche Nützlichkeitslehrer sagen wohl: der Ochse habe Hörner, um sich damit zu wehren. Nun frage ich aber, warum das Schaf keine? und, wenn es welche hat, warum sind sie ihm um die Ohren gewickelt, so daß sie ihm zu nichts dienen? Etwas Anderes aber ist es, wenn ich sage: der Ochse wehrt sich mit seinen Hörnern, weil er sie hat. Die Frage nach dem Zweck, die Frage warum? ist durchaus nicht wissenschaftlich. Etwas weiter aber kommt man mit der Frage Wie? Denn wenn ich frage: wie hat der Ochse Hörner? so führt mich das auf die Betrachtung seiner Organisation und belehrt mich zugleich, warum der Löwe keine Hörner hat und haben kann. — Die Nützlichkeitslehrer würden glauben, ihren Gott zu verlieren, wenn sie nicht den anbeten sollten, der dem Ochsen die Hörner gab, damit er sich vertheidige. Mir aber möge man erlauben, daß ich den verehre, der in dem Reichthum seiner Schöpfung so groß war, nach tausendfältigen Pflanzen noch eine zu machen, worin alle übrigen enthalten, und nach tausendfältigen Thieren ein Wesen, das sie alle enthält: den Menschen. Man verehre ferner den, der dem Vieh sein Futter giebt und dem Menschen Speise und Trank, so viel er genießen mag. Ich aber bete den an, der eine solche Productionskraft in die Welt gelegt hat, daß, wenn nur der millionteste Theil davon ins Leben tritt, die Welt von Geschöpfen wimmelt, so daß Krieg, Pest, Wasser und Brand ihr nichts anzuhaben vermögen. Das ist mein Gott."[1]

Jene Frage nach dem Wie der Organisation ist es, welche Göthe sowohl durch seine botanischen, als durch seine zoologischen Studien hindurch immerfort im Auge behalten und welche ihn schließlich zu der genetischen Methode geführt hat. Sie brachte ihn ganz natürlich zu der Vorstellung von einem bestimmten Haushalte (Oekonomie) in der Gestaltung jedes einzelnen Wesens, innerhalb dessen die einzelnen Theile bestimmend auf einander wirken und die besondere Entwickelung des einen Theils nicht ohne Rückwirkungen auf die der andern bleiben könne.[2] Es

---

[1] Eckermann. II. S. 176. vergl. Sämmtliche Werke. Bd. 36. S. 281.

[2] Sämmtliche Werke. Bd. 36. S. 281.

war dies besonders ein Punkt, wo er mit Geoffroy[1]) in
dem von diesem formulirten Gleichgewichtsgesetze (loi de
balancement) zusammentraf, und noch in der letzten Zeit
seines Lebens beschäftigte ihn die Betrachtung anhaltend,
wie die Natur, an einen gewissen Etat gebunden, starke
Ausgaben durch Einnahmen compensire und so in sich selbst
eine weise Mäßigung vorbestimmt enthalte.[2])

So konnte er denn mit Bewußtsein sagen, was über
seine Gesammtanschauung ein helles Licht verbreitet:
"Wir denken uns das abgeschlossene Thier als eine kleine
Welt, die um ihrer selbst willen und durch sich
selbst da ist. So ist auch jedes Geschöpf Zweck
seiner selbst, und weil alle seine Theile in der unmittel=
barsten Wechselwirkung stehen, ein Verhältniß gegen ein=
ander haben und dadurch den Kreis des Lebens immer er=
neuern, so ist auch jedes Thier als physiologisch vollkom=
men anzusehen. Kein Theil desselben ist, von innen
betrachtet, unnütz, oder wie man sich manchmal vorstellt,
durch den Bildungstrieb gleichsam willkürlich hervorge=
bracht; obgleich Theile nach außen zu unnütz erscheinen
können, weil der innere Zusammenhang der thierischen
Natur sie so gestaltete, ohne sich um die äußeren Verhält=
nisse zu bekümmern."[3])

---

[1]) **Geoffroy-St.-Hilaire** Philosophie anatomique.
Paris 1822. p. 244.
[2]) Sämmtliche Werke. Bd. 40. S. 518. Riemer. S. 299.
[3]) Ebendaselbst. Bd. 36. S. 280.

V.
Straßburger Lektüre.
(Zu S. 58.)

Schöll giebt unter dem Titel Ephemerides eine Reihe von Excerpten, die Göthe in Straßburg 1770 sammelte. Es wird nicht ohne Interesse sein, das Naturwissenschaftliche, speciell das Medicinische kurz zusammenzustellen.

Es sind hauptsächlich zwei Autoren, aus deren Schriften sich Aufzeichnungen finden: Zuerst Boerhaave, dessen Beziehungen wir schon im Text erwähnten, und der hier benutzt ist, um ein Paar Stellen über den Verlauf der Pockenepidemien und über die frühzeitige Geistesentwickelung bei Rachitischen auszuziehen. . Sodann der berühmte und berüchtigte Paracelsus, von dem sich in der Faust-Dichtung zahlreiche Erinnerungen finden. Allerlei Sentenzen und alchymistische Vorschriften sind ausgeschrieben, an welche sich Citate aus alten Aerzten über die Siebenzahl und aus Autoren über Arzneimittellehre anschließen. Von letzteren finden sich insbesondere Schulzii Theses ad Mat. med. Halae 46 und Geofroy de Mat. med. Dazu gehört ein Recept, das an die Stelle von dem Curiren aus einem Punkte[1]) erinnert:

Hemenagogum.   Rec. Arist. rot. ℥ij
                              Tart. calyb. ℥j
                              Aq. font. ℥ij
            fiat infus.

---

[1]) Hierbei ist es vielleicht von Interesse, eine Stelle (Sämmtliche Werke. Bd. 36 S. 284) zu erwähnen, wo sich Göthe über die physiologische Bedeutung des Uterus genauer ausspricht.

sowie die treffliche Bemerkung: „Hebammen werden zu den geistlichen Personen des Orts gerechnet. Leyser über den Schilter. S. 76."

Weiterhin notirt er Peuschel's Abhandlung der Physiognomie, Metoskopie und Chiromantie, Leipzig 1769, unmittelbar hinter Paracelsus von „Schülern in einer weichen Schaale."

Aus der Naturlehre zahlreiche Werke und Einzelcitate über Electricität, Farbenlehre, Meteorologie und Zoologie.

Ich will noch hinzufügen, daß die eine Inschrift im Straßburger Münster von 1776 den Namen Göthe's neben denen von Lavater, Lauth, Röderer und Ehrmann nennt. (Stöber a. a. O. S. 40.) Letztere sind fast sämmtlich Mediciner oder Anatomen geworden.

VI.
Lavater und die Physiognomik.
(Zu S. 60.)

Göthe selbst hat sich an einer Stelle sehr bestimmt über das Verhältniß seiner Knochenstudien zu Lavater's Anregungen ausgesprochen. Nach der Campagne in Frankreich (1792) besuchte er auch den kleinen Hof in Münster und hier nöthigte man ihn, von seinen Naturbetrachtungen einige Rechenschaft zu geben. Er sagt: „Von Fürstenberg brachte zur Sprache, daß er mit Verwunderung, welche beinahe wie Befremden aussah, hie und da gehört habe, wie ich der Physiognomik wegen die allgemeine Knochenlehre studire, wovon sich doch schwerlich irgend eine Beihülfe zu Beurtheilung der Gesichtszüge des Menschen hoffen lasse. Nun mocht' ich wohl bei einigen Freunden, das für einen Dichter ganz unschicklich gehaltene Studium der Osteologie zu entschuldigen und einigermaßen einzuleiten, geäußert haben, ich sey, wie es denn wirklich auch an dem war, durch Lavaters Physiognomik in dieses Fach wieder eingeführt worden, da ich in meinen akademischen Jahren darin die erste Bekanntschaft gesucht hatte. Lavater selbst, der glücklichste Beschauer organisirter Oberflächen, sah sich, in Anerkennung daß Muskel- und Hautgestalt und ihre Wirkung von dem entschiedenen inneren Knochengebilde durchaus abhängen müsse, getrieben, mehrere Thierschädel in sein Werk abbilden zu lassen, und selbige mir zu einem flüchtigen Commentar darüber zu empfehlen. Was ich aber gegenwärtig hievon wiederholen oder in demselben Sinne zu Gunsten meines Verfahrens aufbringen wollte, konnte mir wenig helfen, indem zu jener Zeit ein solcher wissenschaftlicher Grund allzuweit ablag und man, im augenblicklichen gesellschaftlichen Leben befangen, nur den beweglichen Gesichtszügen, und vielleicht gar nur in leidenschaftlichen Momenten, eine gewisse Bedeutung zugestand, ohne zu bedenken, daß hier nicht etwa bloß ein regelloser Schein wirken könne, sondern daß das Aeußere, Bewegliche, Veränderliche als ein wichtiges bedeutendes Resultat eines innern entschiedenen Lebens betrachtet werden müsse."[1]

Der große Eindruck, den Lavater auf das so schnell entzündbare Gemüth des jungen Göthe gemacht hatte, geht außerdem auf das Klarste aus der überaus sorgfältigen und weitläuftigen Darstellung hervor, welche dem

---

[1] Sämmtliche Werke. Bd. 25 S. 195.

sonderbaren Manne an verschiedenen Stellen in Dichtung und Wahrheit geworden ist¹). Auch bei vielen anderen Gelegenheiten kommt er auf ihn zu sprechen²), und wenn sein Urtheil über den „Propheten" allmählich immer schroffer wird, ja endlich sein Widerwillen zu einer völligen Trennung treibt, so erkennt er doch den fördernden Einfluß des wunderlichen Heiligen stets dankbar an. Lavater seinerseits war dem Jünglinge mit hellstem Enthusiasmus entgegen getreten. „Bist's?" rief er ihm bei der ersten Begegnung zu. „Ich bin's," war die Antwort. Da war es, wo Lavater schrieb: „Unaussprechlich süßer, unbeschreiblicher Auftritt des Schauens — sehr ähnlich und unähnlich der Erwartung."³) Auch Göthe erzählt, daß Lavater im ersten Augenblick durch einige sonderbare Ausrufungen verrathen habe, wie er ihn anders erwartet habe. Aber gewiß war dies Gefühl sehr vorübergehend, denn auf der Rheinreise, dieser glückseligen Fahrt, herrschte die größte Herzlichkeit zwischen ihnen. Wie charakteristisch lautet der Brief, den Lavater aus Ems am 18. Juli nach Hause schrieb! Darin heißt es: „Unterdeß," diktirt mir Göthe aus seinem Bett herüber, „unterdeß geht's immer so grade in die Welt 'nein. Es schläft sich, ißt sich, trinkt sich und liebt sich auch wohl an jedem Orte Gottes wie am andern, folglich also — itzo schreib' er weiter!"⁴)

---

¹) Sämmtliche Werke. Bd. 22 S. 194 — 224, 348 — 53, 371 — 86.
²) Ebendaselbst. Bd. 27 S. 501. Bd. 36 S. 12. Eckermann. II. S. 70. III. S. 279.
³) Geßner Leben Lavater's. II. S. 127.
⁴) Ebendaselbst. S. 135.

Die rege Theilnahme, die Göthe an der Herausgabe und Vervollständigung des großen physiognomischen Werkes von Lavater nahm, hat er mannichfach geschildert. Das Manuscript mit den zum Text eingeschobenen Plattenabdrücken ging an ihn nach Frankfurt und Weimar. Er hatte das Recht, alles zu tilgen, was ihm mißfiel, wovon er freilich sehr mäßig Gebrauch machte. Nur einmal ließ er eine leidenschaftliche Controverse weg und legte dafür ein heiteres Naturgedicht ein[1]. Leider ist der positive Antheil, den der Dichter an dem Werke des Geistlichen genommen hat, nirgends in dem Werke selbst unmittelbar angedeutet, und nur aus dem Briefwechsel mit Lavater[2] und dessen Verleger Reich[3] lassen sich einzelne Einblicke gewinnen. Einmal, zu Eckermann[4], sagte Göthe selbst, was mit der früher erwähnten Aeußerung in Münster übereinstimmt: „Was in Lavater's Physiognomik über Thierschädel vorkommt, ist von mir," und an Herder schreibt er im Mai 1775: „Ich fördere mit innigem Shandysmus mit an Lavater's Physiognomik."[5] Man kann daher wohl annehmen, daß die Anregung eine tiefe und für die späteren Thier- und namentlich Knochenstudien entscheidende war.

Das große Werk von Lavater erschien in den Jahren 1775—78. In demselben finden sich an mehreren

---

[1] Sämmtliche Werke. Bd. 22 S. 349.
[2] Briefe von Göthe an Lavater aus den Jahren 1774—83, herausgegeben von Hirzel. Leipzig 1833. S. 7 ff.
[3] Ebendaselbst. S. 168 folgende. D. Jahn a. a. O. S. 218 folg.
[4] Eckermann. II. S. 70.
[5] Aus Herder's Nachlaß. I. S. 53.

Orten Abbildungen und Betrachtungen über Thierköpfe und Thierschädel¹). Die meisten derselben sind in dem zweiten Bande enthalten, wo in höchst sonderbarer Weise Capitel um Capitel das einemal wilde oder zahme Thiere, das anderemal Krieger, Admirale, Fürsten, Künstler, Seher behandelt werden. An keiner Stelle ist der Text so charakteristisch, daß man ohne Weiteres den Antheil von Göthe ausscheiden könnte, indeß müssen sich seine Bemerkungen doch wohl hauptsächlich auf die ersten Bände beziehen, da deren Erscheinen (1775—76) der Zeit nach am meisten zutrifft. Am Schlusse des ersten Bandes steht das „Lied eines physiognomischen Zeichners" mit dem Datum vom 19. April 1775²), welches auch Hirzel³) wieder hat abdrucken lassen und welches sich unter der Ueberschrift „Künstlers Abendlied" mit geringen Textänderungen in den gesammelten Werken⁴) wieder findet. Auf dieses Lied bezieht sich offenbar die oben erwähnte Bemerkung Göthe's.

In dem Briefwechsel mit dem Verleger finden sich manche Stellen⁵), welche darauf hindeuten, daß sowohl

---

¹) Lavater. Physiognomische Fragmente zur Beförderung der Menschenkenntniß und Menschenliebe. Leipzig und Winterthur. II. S. 139, 174, 192, 199, 205, 210, 218, 252, 260, 280. III. S. 63. IV. S. 56.

²) Ebendaselbst. I. S. 272.

³) Göthe's Briefe an Lavater. S. 29.

⁴) Sämmtliche Werke. Bd. 2. S. 178. (Das handschriftliche Original ist noch erhalten und jetzt auf der Göthe-Ausstellung in Berlin. Katalog 1861. S. 16 sub II. 14.)

⁵) Briefe an Lavater. S. 168. Briefe an Leipziger Freunde. S. 218.

manche Zugaben, als auch ein Theil des Textes der Fragmente von Göthe's Hand sind. Einige¹) derselben unterscheiden sich nicht blos dem Geiste und der Auffassung, sondern auch dem Styl und der Interpunction nach so wesentlich von Lavater's Schriften, daß ich kaum Bedenken trage, sie für unseren Dichter in Anspruch zu nehmen. Weiterhin scheint mir ein Abschnitt im 3. Bande (1777) auf ihn bezogen werden zu können. Dort sind²) unter der Ueberschrift „Vermischte Beobachtungen eines bekannten Dichters" sechs verschiedene physiognomische Bemerkungen zusammengestellt, von denen ich die letzte, als besonders charakteristisch, hier anführe: „Die Eröffnung des Mundes kann nie genug studiert werden. In ihr, deucht mich, steckt die höchste Charakteristik des ganzen Menschen. Alles Naive, Zärtliche, Männliche der ganzen Seele drückt sich da aus. Von diesem verschiedenen Ausdrucke ließen sich Folianten schreiben, und ist das etwas, das dem unmittelbaren Gefühle des, der einen Menschen studiert, überlassen werden muß. — Die Muskeln um den Mund herum sind, deucht mich, dem Sitze der Seele am nächsten, da kann sich der Mensch am wenigsten verstellen. Daher das häßlichste Gesicht angenehm wird, wenn es noch gute Züge am Munde übrig behalten hat, und einem wohl organisirten Menschen nichts in der Natur so widrige Empfindungen erregen kann, als ein verzogenes Maul."

In diesem selben Bande³) ist es auch, wo Lavater

---

¹) Lavater Fragmente. I. S. 15, 21 u. 140.

²) Ebendaselbst. III. S. 98.

³) Ebendaselbst. III. S. 218. Vergl. Göthe's Sämmtliche Werke. Bd. 22. S. 195.

hinter einander 5 verschiedene Bilder von Göthe, theils nach Zeichnungen, theils nach Medaillons, giebt. Nur eines von diesen, das vierte, stimmt mit dem bekannten May'schen überein und dieses wird auch vor den andern gerühmt. In dem Texte dazu finden sich manche interessante physiognomische Schilderungen Göthe's, insbesondere die lebhaftesten Bemerkungen über das Auge des jungen Dichters. Bei dem ersten Bilde heißt es: „Auch ohne das blitzende Auge; auch ohne die geistlebendige Lippe, auch ohne die blaßgelblichte Farbe — auch ohne den Anblick der leichten, bestimmten, und alltreffenden, allanziehenden, und sanftwegdrängenden Bewegung — ohn' alles das, welche Einfachheit und Großheit in diesem Gesicht!" Später spricht Lavater von „Göthe's rollendem Feuerrad — so fähig, von Empfindungsglut jeder Art geschmelzt zu werden"; er schildert „das mit Einem fortgehenden Schnellblicke durchdringende, verliebte — sanft geschweifte, nicht sehr tief liegende, helle, leicht bewegliche Auge." Für solche, die eine besondere Aufmerksamkeit auf diese schöne Entwickelungszeit des Dichters richten, sind die berührten Blätter von großer Bedeutung und es ist gewiß sehr dankenswerth, daß der sammelnde Physiognomiker bei dieser Gelegenheit auch das Bild von Göthe's Vater hat stechen lassen[1]). Er nennt ihn den „vortrefflich geschickreichen, alles wohl ordnenden, bedächtlich — und klug — anstellenden — aber auf keinen Funken dichterischen Genies Anspruch machenden Vater des großen Mannes."

So sind auch in dieser Beziehung die „physiognomi=

---

[1]) Lavater. III. S. 221. Gegen die Aufnahme des Bildes seiner Mutter protestirte Göthe auf das entschiedenste (Briefe an Lavater. S. 35).

schen Fragmente" ein redendes Zeugniß der Zeit, in der
sie entstanden. Damals erregten sie die Theilnahme der
deutschen gebildeten Welt in allen Kreisen; ja ihr Umfang,
ihre Ausstattung, ihre Kostbarkeit schienen sie zu einem
Handbuche gerade der höchsten und vornehmsten Kreise
zu bestimmen, welche sonst nur spät und langsam den
Fortschritten der Wissenschaft folgen.¹) Aber diese Kreise
lieben den Wechsel und sehr bald verdrängte die Phreno=
logie das kaum geweckte Interesse an der Physiognomik.
Unzweifelhaft lag die Schuld mit an der Art, wie Lavater
die Physiognomik behandelt hatte. Er war weder Künstler
noch Forscher genug, um die für eine wirkliche Dauer
nöthige Tiefe der Anschauung erreichen zu können, und
Göthe hat ganz Recht, wenn er, am Schlusse seines Le=
bens auf diese Erlebnisse seiner Jugend zurückblickend, sein
Urtheil dahin zusammenfaßt: „Es ist zu bedauern, daß
ein schwacher Mysticismus dem Aufflug seines Genies so
bald Grenzen setzte"²). Die undankbare Nachwelt hat es
nur zu schnell vergessen, daß hier ein wirklicher Aufflug
mit Anstrengung aller Kräfte versucht wurde und daß das

---

¹) Das Interesse knüpfte sich auch an die Person. So läßt
die Herzogin Louise 1779 durch Herder ihre Entbindung an
Lavater melden, und ersterer schreibt dabei von dem Kinde,
einer Prinzessin: „Göthe versichert, daß es gerade die Genies=
nase mit breitem Sattel nach deiner Angabe habe." (Aus
Herder's Nachlaß. II. S. 178).

²) Eckermann. III. S. 279. (18. Januar 1830). Man
vergleiche das überaus ungünstige Urtheil, das Heinse schon
1780 fällte (Heinse's sämmtliche Werke. Leipzig 1838. IX.
S. 81.) Sollte die Zugabe auf S. 21 der Physiognomischen
Fragmente Thl. I. von Göthe herrühren, so könnte man versucht
sein, in dem „moralischen Zigeuner" schon damals ein leise
Ironie zu spüren.

Ziel, auf welches er gerichtet war, das rechte war. Dieses darlegen zu können, hat mir[1]) eine nicht geringe Befriedigung gewährt und ich mag es mir nicht versagen, hier der Zustimmung eines der Zeitgenossen jener denkwürdigen Entwickelungsperiode zu gedenken. In einem Briefe vom 29. März 1857, worin er sich über die betreffende Schrift ausspricht, schrieb Alexander von Humboldt mir unter Anderem: „Die Rechtfertigung des alten Lavater, den man gern beschuldigt, nur auf die weichen Theile geachtet zu haben, hat mich besonders gefreut." In der That kann nichts ungerechter sein, als eine solche Beschuldigung, welche sich offenbar mehr auf ein laienhaftes Vorurtheil, als auf eine Kenntniß der Werke Lavater's stützt. Dieser selbst sprach sich, als ihm Kaiser Joseph II. in Waldshut mit demselben Vorurtheil entgegen trat, ganz klar dahin aus, daß „sein Augenmerk" mehr auf das Feste und Bestimmbare der menschlichen Physiognomie, als auf das Bewegliche, Augenblickliche, Zufällige, daher **mehr auf die Anlage, die Grundfähigkeit** gerichtet sei"[2]). Am besten scheint mir aber der Lavater, der unsern Dichter fesselte, in folgender Stelle sich selbst zu schildern: „Ueber den bloßen Schädel des Menschen — wie viel kann der Zergliederer sagen? wie viel mehr der Physiognomist? wie viel mehr der Zergliederer, der Physiognomist ist? — Ich darf kaum aufsehen, wenn ich denke, was ich nicht weiß, und wissen sollte, um würdig über einen Theil des menschlichen Körpers, des Menschen, zu schreiben, — der über alle Erkenntniß, allen Glauben, alle Vermuthung wichtig ist. — Man kann es schon bemerkt haben, daß ich das

---

[1]) Virchow. Entw. des Schädelgrundes. S. 118.
[2]) Geßner Lavater's Leben. II. S. 186.

Knochensystem für die Grundzeichnung des Men=
schen — den Schädel für das Fundament des
Knochensystems und alles Fleisch beynahe nur für das
Colorit dieser Zeichnung halte — daß ich auf die Be=
schaffenheit, die Form und Wölbung des Schädels, so
viel mir bewußt ist, mehr achte als meine Vorgänger
alle; daß ich diesen weit festeren, weniger veränderlichen —
leichter bestimmbaren Theil des menschlichen Körpers für
die Grundlage der Physiognomik angesehen wis=
sen möchte."[1])

Göthe hat denselben Gedanken in dichterischer Form
ungleich schöner und kürzer wieder gegeben, in dem kleinen
Gedicht, das „Typus" überschrieben ist:

> Es ist nichts in der Haut,
> Was nicht im Knochen ist.
> Vor schlechtem Gebilde jedem graut,
> Das ein Augenschmerz ihm ist.

> Was freut denn jeden? Blühen zu sehn,
> Das von innen schon gut gestaltet;
> Außen mag's in Glätte, mag in Farben gehn,
> Es ist ihm schon voran gewaltet.

Aber einem Geiste, wie dem Göthe's, genügte es nicht,
den Typus dichterisch zu feiern; ihm war es eine Noth=
wendigkeit, ihn auch gestaltlich darzustellen. Dazu scheint
zuerst die in Weimar eingerichtete Zeichnungsakademie bei=
getragen zu haben. Vorher finden sich nur zerstreute Be=
merkungen über physiognomische und osteologische Arbeiten
in den Briefen an Lavater. 1778 schreibt er: „Der
Herzog hat mir sechs Schädel kommen lassen, habe herr=
liche Bemerkungen gemacht, die Ew. Hochwürden zu Dien=

---

[1]) Lavater a. a. O. II. S. 143.

sten stehen, wenn dieselben sie nicht ohne mich fanden"¹). 1780 in dem prächtigen Briefe, wo er die Liebe Char=
lottens eingesteht, sagt er: „Im Phisiognomischen sind
mir einige Hauptpunkte deutlich geworden, die dir wohl
längst nichts neues sind, mir aber von Wichtigkeit wegen
der Folgen." Und er setzt hinzu: „Hab ich dir das Wort
Individuum est ineffabile, woraus ich eine Welt ableite,
schon geschrieben?"²) Endlich am 14. November 1781
berichtet er: „Auf unserer Zeichnungsakademie habe ich
mir diesen Winter vorgenommen, mit den Lehrern und
Schülern den Knochenbau des menschlichen Körpers durch=
zugehen, sowohl um ihnen als mir zu nuzen, sie auf das
merkwürdige dieser einzigen Gestalt zu führen und
sie dadurch auf die erste Stufe zu stellen, das bedeutende
in der Nachahmung sichtlicher Dinge zu erkennen und zu
suchen. Zugleich behandle ich die Knochen als einen Text,
woran sich alles Leben und alles menschliche anhängen
läßt, habe dabey den Vortheil, zweimal die Woche öffent=
lich zu reden, und mich über Dinge, die mir werth sind,
mit aufmerksamen Menschen zu unterhalten. Ein Vergnügen, welchem man in unserm gewöhnlichen Welt=,
Geschäfts= und Hofleben gänzlich entsagen muß."³)

So war dieser viel geschmähte „Minister". Nachdem
er erst Forscher und dann Lehrer geworden war, wollte
er auch selbst Künstler sein. Und so sehen wir ihn, kaum
in Rom angelangt, alsbald zum Modelliren übergehen.
„Mein hartnäckig Studium der Natur, meine Sorgfalt,
mit der ich in der comparirenden Anatomie zu Werke ge=

---

[1] Briefe an Lavater. S. 35.
[2] Ebendaselbst. S. 104.
[3] Ebendaselbst. S. 136.

gangen bin, setzen mich nunmehr in den Stand, in der
Natur und den Antiken manches im Ganzen zu sehen,
was den Künstlern im Einzelnen aufzusuchen schwer wird,
und das sie, wenn sie es endlich erlangen, nur für sich
besitzen und andern nicht mittheilen können.
Ich habe", setzt er hinzu, „alle meine physiognomischen
Kunststückchen, die ich aus Pik auf den Propheten (Lava=
ter) in den Winkel geworfen, wieder hervorgesucht, und sie
kommen mir gut zu passen. Ein Herkuleskopf ist ange=
fangen"¹). Die inzwischen bekannt gewordenen Ideen
Camper's über das Gesichtsprofil erregten ihn lebhaft und
brachten die Erinnerung an Lavater noch mehr in den
Vordergrund²). Sehr bald schreibt er von Rom: „Das
Interesse an der menschlichen Gestalt hebt nun alles an=
dere auf. Ich fühlte es wohl und wendete mich immer
davon weg, wie man sich von der blendenden Sonne weg=
wendet, auch ist alles vergebens, was man außer Rom
studiren will. Ohne einen Faden, den man nur hier
spinnen lernt, kann man sich aus diesem Labyrinthe nicht
herausfinden."³) „Jetzt seh' ich, jetzt genieß' ich erst das
Höchste, was uns vom Alterthum übrig blieb, die Sta=
tuen"⁴). „In solcher Gegenwart wird man mehr als
man ist; man fühlt, das Würdigste, womit man
sich beschäftigen sollte, sey die menschliche Ge=
stalt, die man hier in aller mannichfaltigen Herrlichkeit
gewahr wird. Doch wer fühlt bey einem solchen Anblick
nicht alsobald, wie unzulänglich er sey; selbst vorbereitet

---

¹) Sämmtliche Werke. Bd. 24. S. 87. vergl. S. 264. 282.
²) Ebendaselbst. S. 127—28.
³) Ebendaselbst. S. 199.
⁴) Ebendaselbst. S. 201.

steht man wie vernichtet. Hatte ich doch Proportion, Anatomie, Regelmäßigkeit der Bewegung mir einigermaßen zu verdeutlichen gesucht, hier aber fiel mir nur zu sehr auf, daß die Form zuletzt alles einschließe, der Glieder Zweckmäßigkeit, Verhältniß, Charakter und Schönheit."[1])

Freilich war der endliche Gewinn ein idealer, denn der Dichter sah ein, daß er nicht auch zugleich Bildner sein könne. Aber das einmal gewonnene Verständniß erhielt auch die Theilnahme rege, und so finden wir in einem seiner Briefe nach der Rückkehr aus Italien (Weimar, den 17. December 1788) die Bemerkung: „In physiognomischen Entdeckungen, die sich auf die Bildung idealer Charaktere beziehen, bin ich sehr glücklich gewesen."[2]). Worauf sich das bezieht, ist nicht ganz klar, denn in seiner gewohnten Weise setzt er unmittelbar hinzu: „ich bin noch immer gegen Jedermann darüber geheimnißvoll." Wir wissen nur, daß von dieser Zeit an seine Fähigkeit, in das Gesetzmäßige der Naturerscheinungen einzudringen, sich immer freier entfaltete und daß in ähnlicher Weise, wie der physiognomische Anfang zum Studium der Natur geführt hatte, so auch das Verständniß der Kunst, welches sich daraus ergeben hatte, nun wieder zur tieferen Ergründung der Natur zurückdrängte. 1789 (?) schreibt er an Herder: „Ich habe eine neuentdeckte Harmoniam naturae vorzutragen"[3]) und gleich hinterher: „Ich habe mich diese zwei Tage mit dem Profil eines Jupiters beschäftigt. Bei der Gelegen-

---

[1]) Sämmtliche Werke. Bd. 24. S. 282.
[2]) Aus Herder's Nachlaß. I. S. 102.
[3]) Ebendaselbst. I. S. 110.

heit habe ich sehr sonderbare Gedanken über den Anthropomorphismus gehabt, der allen Religionen zum Grunde liegt." Offenbar arbeitete während dieser Epoche in ihm der Gedanke des Wirbeltypus, denn als er im nächsten Jahre (1790) den entscheidenden Fund auf dem Lido in Venedig that, da war er schon dahin gelangt, die Existenz von 3 Schädelwirbeln zu statuiren und der vielbesprochene Schöpsenkopf gab ihm nur Veranlassung, noch 3 weitere Wirbel für die Gesichtsknochen hinzuzufügen. Denn ausdrücklich sagt er: „Die drei hintersten (Schädelwirbel) erkannt' ich bald, aber erst im Jahre 1790, als ich aus dem Sande des dünenhaften Judenkirchhofs von Venedig einen zerschlagenen Schöpsenkopf aufhob, gewahrt' ich augenblicklich, daß die Gesichtsknochen gleichfalls aus Wirbeln abzuleiten seyen, indem ich den Uebergang vom ersten Flügelbein zum Siebbein und den Muscheln ganz deutlich vor Augen sah; da hatt' ich denn das Ganze im Allgemeinsten beisammen."¹) Der Gedanke von der Anwendung des Wirbeltypus auf die Deutung der Schädelknochen muß also in die Jahre vor 1790 fallen. Aber von da an wurde seine Kenntniß der Osteologie und der Anatomie immer ausgedehnter, zunächst durch Loder's Vorträge und Umgang²), dann insbesondere durch Sömmerring³), d'Alton und Carus⁴). Wie sich aber auch in der nachrömischen Periode Kunst und Natur in ihm verschmolzen, das erhellt wohl am besten, wenn man seine Betrachtungen über die Elgin'schen und venetianischen

---

1) Sämmtliche Werke. Bd. 40. S. 447.
2) Ebendaselbst. Bd. 27. S. 27. 53. 116. Bd. 35. S. 12.
3) Ebendaselbst. Bd. 27. S. 53. 214.
4) Ebendaselbst. Bd. 27 S. 408.

Pferdeköpfe, den Urstier u. dgl. vergleicht¹) oder wenn man die unmittelbare Anwendung aller dieser Erfahrungen für die ausübende Kunst selbst in der „Einleitung in die Propyläen"²) ins Auge faßt.

VII.
Die Wirbeltheorie des Schädels.
(Zu S. 60.)

Die Wirbeltheorie des Schädels geht im Wesentlichen darauf hinaus, daß die knöcherne Capsel, welche das Gehirn umschließt, nach demselben Grundtypus zusammengesetzt und aufgebaut ist, wie die knöcherne Röhre, welche das Rückenmark umlagert, so daß jene Capsel, der Schädel, eine höhere Entfaltung dieser Röhre, des Rückgrathes oder der Wirbelsäule darstellt, gleichwie das Gehirn selbst als eine höhere und vollkommnere Entfaltung des Rückenmarkes zu betrachten ist. Freilich gilt dieser Satz nicht für alle jene Theile, welche den Schädel im gewöhnlichen Sinne des Wortes zusammensetzen, sondern nur für jenen Theil, welcher wesentlich als feste Umhüllung des Gehirns dient. An diesen Schädel im engeren Sinne des Wortes schließen sich die Gesichtsknochen als eine fernere, der Wirbelsäule beigegebene Ausstattung an, und sie müssen demnach sofort die Vermuthung erregen, daß sie mehr den Rippen oder den

---

[1] Sämmtliche Werke. Bd. 40 S. 456. Bd. 36 S. 338.
[2] Ebendaselbst. Bd. 30 S. 287.

eigentlichen Gliedern (Extremitäten) vergleichbare Theile darstellen.

Wie weit diese Vergleichung auszudehnen ist, wie viel von den Gesichtsknochen etwa noch zu der Kopf-Wirbelsäule als wesentlicher Bestandtheil hinzuzurechnen ist, darüber ist man noch jetzt nicht einig. Göthe ging offenbar zu weit, indem er sechs Schädelwirbel annahm, von denen drei ganz oder theilweise in den Bereich des Gesichtsstelets fallen. Mit Sicherheit kann man nur jene drei Schädelwirbel aufstellen, welche Göthe, wie es scheint, bis 1790 der Hauptsache nach erkannt hatte; sehr zweifelhaft ist es schon, ob man noch einen vierten, rudimentären Wirbel zulassen darf, der in die Nasenbildung mit eingeht.

Am folgerichtigsten hat in neuester Zeit Owen[1]) diese Doctrin entwickelt, indem er zu ihrer Begründung die gesammte vergleichende Osteologie in Bewegung setzte; am entschiedensten hat sie Huxley[2]) bekämpft, indem er gleichfalls die Kopfbildung aller Wirbelthierklassen zu Rathe zog. Indeß bekämpft auch er doch nur den Satz, daß die Kopfknochen wirkliche Wirbel seien, während er zugesteht, daß sie die vollständigste Analogie mit Wirbeln haben. Im Sinne Göthe's genügt dies Zugeständniß vollständig.

---

[1]) Rich. Owen. On the architype and homologies of the vertebrate skeleton. London 1848. — Holmes Coote. The homologies of the human skeleton. London 1849.

[2]) Thom. H. Huxley. On the theory of the vertebrate skull. The Croonian lecture. Proc. Royal Soc. 1858. Nov.

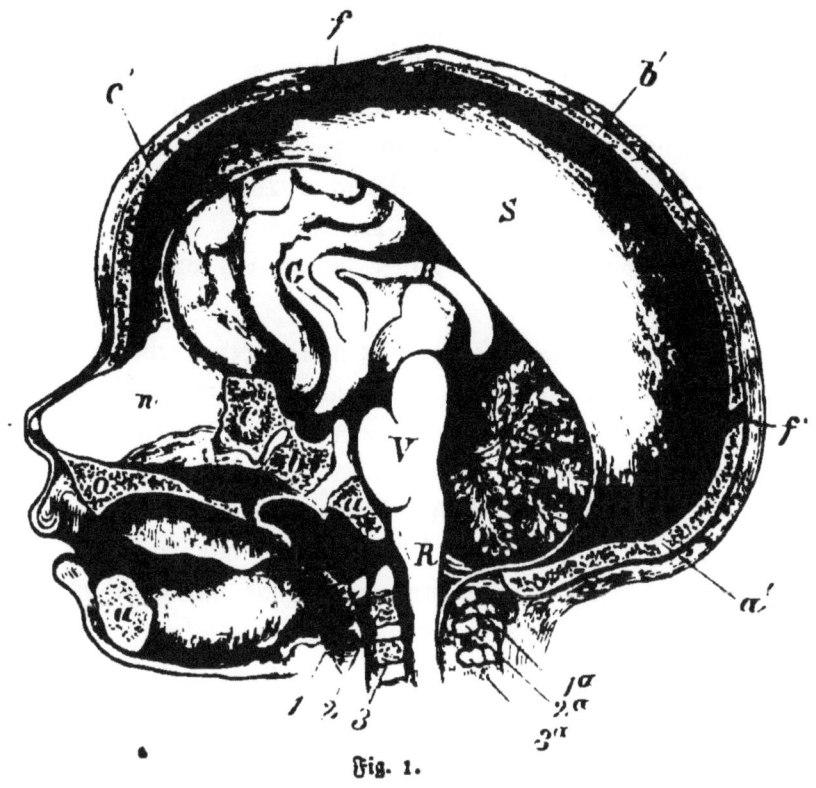

Fig. 1.

Zum besseren Verständniß für die Einrichtung beim Menschen habe ich aus meiner größeren Arbeit[3]) den Längsdurchschnitt des Kopfes eines neugeborenen Kindes wiedergeben lassen, welcher die wichtigsten Verhältnisse deutlicher darstellt, als sie sich am Kopfe des Erwachsenen übersehen lassen, wo viele, ursprünglich getrennte Knochen zu gemeinschaftlichen Massen verwachsen und in dieser Verschmelzung sich nicht mehr deutlich erkennen lassen.

Betrachtet man an dem Holzschnitt den unteren und hinteren Theil, so sieht man zunächst bei R den

---

[3]) Virchow. Entwickl. des Schädelgrundes. Taf I. Fig. 1.

Längsdurchschnitt des Rückenmarkes, welches sich bei V in die sogenannte Varols=Brücke fortsetzt und von hier einerseits in das Kleinhirn K, andererseits in das Groß=hirn G entfaltet. Letzteres besteht aus zwei Seitenhälften (Hemisphären), welche mit zahlreichen Windungen besetzt sind und in der Mitte durch den Balken B zusammen=hängen. Zwischen beide Hälften schiebt sich eine häutige Scheidewand S ein.

Das Rückenmark ist umschlossen von der Wirbelsäule, welche aus einer großen Zahl einzelner knöcherner Wirbel besteht. Letztere sind durch Knorpel (die sogenannten Zwischenwirbelknorpel) mit einander beweglich verbunden. An jedem Wirbelknochen unterscheidet man einen vorn ge=legenen Körper, von dem seitlich Bogenstücke ausgehen, die um das Rückenmark herum greifen und hinten zu den Dornfortsätzen aneinandertreten. In der Zeichnung sind die drei obersten Wirbel zu sehen, indem 1, 2 und 3 die vordern Theile, die Wirbelkörper, und 1a, 2a und 3a die hintern Theile, die Dornfortsätze, bezeichnen.

Ganz ähnliche Verhältnisse finden wir auch am Schädel, wo die Wirbelkörper am Grunde liegen, ur=sprünglich gleichfalls durch Zwischenknorpel verbunden oder, vielleicht deutlicher gesagt, getrennt. Hier bezeichnet a den Körper des Hinterhauptswirbels, das Hinterhaupts=bein; b den Körper des Mittelhauptswirbels, das hintere Keil= oder Flügelbein; c den Körper des Vorderhaupts=wirbels, das vordere Keilbein.

An diese Körper schließen sich seitlich Bogenstücke an, welche auf der Zeichnung nicht zu sehen sind. Diese ver=einigen sich nach oben, am Schädeldache, zu Dornfort=sätzen, welche sich von denen der eigentlichen Wirbelsäule dadurch unterscheiden, daß sie platte, große, ursprünglich und auch zum Theil noch späterhin paarige Knochenstücke darstellen. a', die Hinterhauptsschuppe, stellt den Dornfortsatz des Hinterhauptswirbels dar; b', das Scheitelbein, den Dornfortsatz des Mittelhauptswirbels, und c', das Stirnbein, den Dornfortsatz des Vorderhauptswirbels. Zwischen ihnen, bei f und f', liegen ursprünglich häutige Zwischenbänder, die sogenannten Fontanellen.

Nach vorn schließen sich daran die dem Gesicht zuzurechnenden Theile. Nur der in der Zeichnung knorplig gezeichnete Theil n, welcher die Nasenscheidewand und nach oben das Siebbein bildet, ist in seiner Deutung zweifelhaft, während der Oberkiefer o und der Unterkiefer u offenbar nur äußere Zuthat der Wirbelgebilde sind.

Man wird hier sofort ersehen, daß die Voraussetzungen der Phrenologie, insofern sie sich fast nur auf das Schädeldach beziehen, sehr ungenügend sind. Denn selbst zugegeben, was nicht richtig ist, daß jeder Hervorragung, jeder Windung der Gehirnoberfläche auch eine Hervorragung des Schädels entspreche, so würde doch auf diesem Wege nur derjenige Theil des Gehirns unserer Erkenntniß zugänglich werden, der dem Schädeldache, also den Dornfortsätzen anliegt. In meiner oben erwähnten Schrift habe ich darzuthun versucht, daß eine der wichtigsten Ergänzungen die Betrachtung des Gesichtes, also die Physiognomik ist, insofern die Gesichtsknochen sich unmittelbar an die Wirbelkörper des Schädelgrundes anfügen und in ihrer Stellung so sehr durch die Form, Größe und Stellung dieser Wirbel bestimmt werden, daß man wiederum rückwärts aus dem Gesichte, und namentlich aus dem Gesichtsprofil Schlüsse auf die Bildung der Schädelgrundfläche, welche sonst der Betrachtung ganz entzogen ist, machen kann. Damit habe ich die Gedanken Lavater's und Camper's nicht nur wieder aufgenommen, sondern um ein Gewisses weiter geführt; insbesondere habe ich den schwarzen Raum der Silhouette, auf deren Betrachtung der Züricher Diakonus so großes Gewicht legte, mit einem realen Inhalte ausgefüllt und diesen Inhalt in eine Reihe wirklich zu greifender Theile zerlegt, welche nicht mehr bloß der Vermuthung und der willkür= lichen Deutung, sondern der unmittelbaren Messung zu= gänglich sind. Die hier zu erlangenden Maaße aber stützen sich auf eine bewußte Kenntniß der organischen Entwickelung, nicht mehr, wie der Gesichtswinkel Cam= per's, auf eine bloß künstlerische Gesammt=Anschauung, welche auf dem Wege des Probirens vorwärts schreitet.

Natürlich liegt es nahe, jeden auf wissenschaftlichem Wege gefundenen Werth auch künstlerisch zu prüfen und darnach anzuwenden. Das war Göthe's Streben in Rom. Manchem mag es nun freilich wunderbar vor= kommen, wenn Göthe wiederholt in seinen Briefen her= vorhebt, wie sehr ihm das Studium der vergleichenden Anatomie das Verständniß der Antike erleichtert habe. Man wird vielleicht eher glauben, daß die Erforschung der Thierköpfe dem Verständniß der idealen Köpfe griechi= scher Götter und Heroen schade. Aber schon Camper hat gezeigt, wie beide Reihen sich demselben Maaß fügen, und ich selbst habe gelegentlich angedeutet, auf welche Weise die alten Künstler den Eindruck der Erhabenheit zu erzeugen wußten, der ihre Götterköpfe in so wunder= barer Weise auszeichnet[1]). Woher sie aber ihre Vorbilder zu einer theilweise ganz außerhalb der natürlichen Bil=

---

[1]) Virchow. Entwickelung des Schädelgrundes. S. 77.

bungsgrenzen liegenden, also rein idealen Vergrößerung mancher Schädel- und Gesichtsmaaße genommen haben, dürfte schwieriger zu ergründen sein. Ich für meinen Theil halte es für ganz möglich, daß hier Thierstudien maaßgebend gewesen sind. Man sehe sich nur den Kopf eines Löwen an und man vergleiche damit den typischen Kopf eines Zeus, und wenn man dadurch nicht überzeugt wird, so lese man die Physiognomik des Aristoteles. Quibus quadrata et commensurata frons est, magnanimi; refertur ad leones. Quibus crines sublati a fronte ad caput usque, liberales; refertur ad leones[1]). Und so mag es denn wohl begreiflich sein, daß auch Göthe mit seinen Thierstudien einen tieferen Einblick in das Wesen der alten Kunst gewann, als mancher Bildner.

Außer den Antiken in Marmor war es aber ein wirklicher Schädel, der ihn in Rom besonders anzog. „Ich sah," schreibt er, „die Sammlung der Akademie S. Luca, wo Raphael's Schädel ist. Diese Reliquie scheint mir ungezweifelt. Ein trefflicher Knochenbau, in welchem eine schöne Seele bequem spazieren konnte."[2]) Und später: „Ein wahrhaft wundersamer Anblick! Eine so schön als nur denkbar zusammengefaßte und abgerundete Schaale, ohne eine Spur von jenen Erhöhungen, Beulen und Buckeln, welche, später an andern Schädeln bemerkt, in der Gallischen Lehre zu so mannichfaltiger Bedeutung geworden sind. Ich konnte mich von dem Anblicke nicht losreißen."[3]) Welche Gedanken mochte ihm dieser An-

---

[1]) Physiognomica Aristotelis latina facta a Jodoco Willichio Reselliano. Viteberg. 1538. p. E et E 3.
[2]) Sämmtliche Werke. Bd. 24. S. 261.
[3]) Ebendaselbst. S. 290.

blick erregen! Und doch scheint es, daß der Zufall ihn irreleitete. Denn in einem 1853 erschienenen Werke behauptet Carus, daß der ächte Schädel Raphaels „erst vor ein Paar Decennien" in dem Grabe des Pantheon aufgefunden sei, und er setzt in einer Anmerkung hinzu, daß bisher in den phrenologischen Sammlungen ein falscher raphaelischer Schädelabguß „von sehr gemeinem Ausdruck" existirt habe[1]).

Ich füge hier eine Copie des von Carus als ächt bezeichneten und als verhältnißmäßig klein geschilderten Schä-

Fig. 2.

dels bei (Fig. 2.), und schließe daran zur Vergleichung einen, nach den Vorbildern desselben Forschers[2]) gezeichneten Schnitt von dem Schädel Schiller's (Fig. 3.).

---

[1]) Carl Gust. Carus. Symbolik der menschlichen Gestalt. Leipzig 1853. S. 139.

[2]) Carus. Ebendaselbst. S. 149. Desselben Atlas der Cranioskopie. Leipzig 1843. Heft I. Taf. I.

Fig. 3.

Carus bemerkt dazu, daß jeder der drei Hauptwirbel[1]) voll und schön entwickelt war. „Besonders groß, schön gerundet und fein modellirt erscheint das Mittelhaupt. Die Stirn ist wesentlich mehr in die Breite ausgebildet, als bei Göthe, bei welchem sie dagegen in der Mitte vorspringender war." In letzterer Beziehung bemerkt er an einem andern Orte[2]), daß bei Göthe die Entfernung der Ohröffnung von der größten Stirnwölbung 5" 6—8"" betrug, wie sie sonst nur bei Napoleon von ihm gefunden wurde, da sie gewöhnlich nur 5" erreiche. Wer erinnert sich hier nicht des Ausspruches von Gall, Göthe sei eigentlich zum Volksredner geboren?[3]). Der große Dichter

---

[1]) Zur Ergänzung der Fig. 1. sieht man hier die Seitenansicht der Schädelknochen: a Hinterhauptsschuppe, b Scheitelbein, c Stirnbein, d. h. die Dornfortsätze der 3 Schädelwirbel; b' der Flügel des hintern Keilbeins oder das Bogenstück des zweiten Schädelwirbels.

[2]) Carus. Göthe. S. 72.

[3]) Göthe. Sämmtliche Werke. Bd. 27. S. 174. Bd. 21. S. 288.

lehnte scherzend diese Deutung, für welche der bekannte, wenigstens halb mißlungene Versuch einer öffentlichen Rede bei der Eröffnung des Bergbaues in Ilmenau nicht sehr spricht, ab und hielt sich lieber an die Naturforschung, wo ihm gerade Gall's Darstellung eine neue Anregung und zu erneuter Anerkennung der Fundamente Lavater's Veranlassung gab[1]).

VIII.
Die Priorität der Entdeckung der Wirbeltheorie.
(Zu S. 61.)

Es scheint, daß zuerst Ulrich[2]) die Aufmerksamkeit auf eine Stelle des berühmten Klinikers Peter Frank gelenkt hat, welche den Schädel mit der Wirbelsäule vergleicht. Schon Johannes Müller[3]) ging einen Schritt weiter, indem er sagte, Frank habe „zuerst die Idee von der Aehnlichkeit dieser Theile hingeworfen." Später[4]) wiederholt er dasselbe noch bestimmter mit dem besonderen Zusatze, daß weder Göthe, noch Oken, noch Duméril die Priorität hätten. Bei dieser Gelegenheit citirt er die schon von Ulrich angeführte Stelle aus Frank's großem klinischen

---

[1]) Sämmtliche Werke. Bd. 27. S. 124.

[2]) Ulrich. Annotationes quaedam de sensu et significatione ossium capitis. Diss. inaug. Berl.

[3]) Joh. Müller. Vergleichende Anatomie der Myxinoiden. Berlin 1835. S. 121.

[4]) Joh. Müller. Gedächtnißrede auf Rudolphi. Berlin 1837. S. 15.

Werke, und wahrscheinlich auf dieses Citat hin haben mehrere neuere Autoren, z. B. Gegenbaur[1]), sich in demselben Sinne ausgesprochen. Es verlohnt sich daher wohl, die Stelle etwas genauer anzusehen. Sie lautet: Pars maxima nascentis magnaeque apud adultos extensionis caput cum vertebrali columna est. Sed quod hac in consimili calvariae vertebrarumque specu delitescit viscus, cerebrum, cerebellum spinalisque medulla[2]). Hier ist also nichts weiter gesagt, als daß die Schädelhöhle dem Wirbelkanal ähnlich sei.

Berthold[3]) bezieht sich freilich auf eine andere Stelle desselben Frank, welche etwas mehr besagt. Hier heißt es: In ea semper opinione versatus sum quamcunque spinalis columnae vertebram pro parvo eodemque transverso cranio esse considerandam: quod ad instar majoris et in perpendiculum sequentibus vertebris superimpositae calvariae, determinatis corporis regionibus prospiciens, cerebellum amplectitur suum: et in quo cerebello spinali iidem prorsus morbi ac in ipso majori cerebro nascantur: quod scilicet extrema et ex omnibus maxime conspicua mobilissimaque vertebra, quam calvariam appellamus, custoditum, primatum a natura obtinuit. Quo propius caetera ab hac ipsa distant, eo nobilior

---

[1]) Gegenbaur. Grundzüge der vergleichenden Anatomie. 1859. S. 442.
[2]) Petr. Frank. De curandis hominum morbis … Mannh. 1792. Lib. II. p. 42.
[3]) … Ueber Göthe's Anatomia comparata … Jahres 100 nach seiner Geburt … S. 22.

8

est caudati cerebri indoles, eoque certior est, nota nimis infanticidis, momentanea violentiae lethalitas¹). In diesen, bei Gelegenheit der Promotion seines Sohnes 1792 in Göttingen gesprochenen Worten ist allerdings der Schädel als der letzte und höchste Wirbel, jeder einzelne Wirbel als ein kleiner Schädel angesprochen, und insofern ist gewiß Frank das Verdienst nicht abzusprechen, auf den richtigen Weg hingewiesen zu haben. Indeß ist dies nicht die Wirbeltheorie, welche Göthe und Oken entwickelten, denn dabei handelt es sich nicht darum, daß der Schädel ein Wirbel oder jeder Wirbel ein kleiner Schädel sei, sondern vielmehr um die Zusammensetzung des Schädels aus einer Reihe einzelner, erst durch genaue Vergleichung festzustellender Wirbel. Nebenbei berührt diese Stelle Göthe's Priorität nicht, da diese mindestens zwei Jahre älter ist, höchstens die von Oken, wie sich sofort ergeben wird.

Oken veröffentlichte sein berühmtes Programm²) beim Antritt seiner Jenaer Professur 1807, unmittelbar nachdem er das „tiefgelehrte, weltumfassende Göttingen" verlassen hatte. Er gedenkt darin ebenso wenig Frank's, als Göthe's. Die Prioritätsfrage kam erst 11 Jahre später zur Verhandlung. 1818 nämlich besprach Bojanus die Deutung der Knochen im Kopfe und bemerkte bei dieser Gelegenheit: „Was gehört nun an dieser ganzen Darstellung dem allseitigen, überschwenglich sinn-

---

¹) Jo. Pet. Frank. De vertebralis columnae in morbis dignitate oratio academica. Delectus opusculorum medicorum antehac in Germania divivis academiis editorum. Ticini 1792. Vol. X. p. 5.

²) Oken. Ueber Bedeutung der Schädelknochen. Jena 1807. S. 3.

vollen Forscher Göthe — der, so viel ich weiß, zuerst die Wirbelbildung im Schädel erkannt? Was ist davon Okens, der sich vor allen darüber aussprach und die Ansicht in das wissenschaftliche Gebiet einführte? Was gebührt Meckel, Spix und anderen, die sie verschiedentlich weiter entwickelten und anwandten?" u. s. w. [1]) Darauf bemerkt Oken: „Diese Apostrophe ist sehr gelegen." Er erzählt nun, wie er 1802 ein Büchlein über die Bedeutung der Sinne, worin er sie als eine Wiederholung niederer Organe darstellte, geschrieben habe, jedoch noch nicht zu dem, freilich nahe liegenden Schlusse gekommen sei, daß auch die Schädelknochen „Wiederholungen der Rumpfknochen" seien. Auch als er 1803 die Biologie drucken ließ, sei er noch nicht der Schädelknochen Meister gewesen, nur daß er, geleitet durch die Insektenkiefer, die Kiefer als Arme und Füße im Kopfe deutete. Im August 1806, wo er mit zwei Studenten eine Harzreise machte, passirte es ihm, daß er auf dem Wege nach dem Brocken auf den Ilsenstein kletterte; er rutschte nachher auf der Südseite den alten Weg zurück — „und sieh' da, es lag der schönste gebleichte Schädel einer Hirschkuh vor meinen Füßen. Aufgehoben, umgekehrt, angesehen, und es war geschehen. Es ist eine Wirbelsäule! fuhr es mir wie ein Blitz durch Mark und Bein — und seit dieser Zeit ist der Schädel eine Wirbelsäule."[2])

---

[1]) Bojanus in Okens Isis. 1818. S. 510.

[2]) Diese Erzählung war Geoffroy-St. Hilaire unbekannt, a.s.w. Jahre später auf eine mündliche Mittheilung von Albers hin die Sache so darstellte, als sei Oken die Idee bei Gelegenheit einer Durchmusterung der Sammlung von Albers in Bremen aufgegangen. (Ann. des sciences natur. 1824. III. 178.)

Gewiß ist es sehr sonderbar, daß Oken eben so zufällig am Ilsenstein einen gebleichten Hirschschädel auffand, der ihm das Geheimniß enthüllte, als daß Göthe auf dem Judenkirchhofe in Venedig dasselbe an einem Schafsschädel erlebte. Indeß ist das Eine so wahrscheinlich, als das Andere, und daß beide Männer so plötzlich die Wahrheit eines an sich schwierigen Satzes erkennen konnten, das beweist doch höchstens, daß sie beide diesem Satze nahe waren, daß sie ihn gewissermaßen gesucht hatten. Denn Göthe hatte ja nicht blos in seinen physiognomischen Studien, sondern auch in ernsthaften osteologischen Arbeiten sich genügend vorbereitet, und es dauerte gar nicht lange, so kam er im Verfolg seiner Metamorphosen-Untersuchungen auch auf die Insecten. Sein Briefwechsel mit Schiller aus den Jahren 1796—1802 giebt darüber vielfach Zeugniß[1]), und wenn Oken eher auf die Insecten, als auf die Säugethiere gerieth, während dies bei Göthe umgekehrt war, so sind doch selbst in diesem Punkte des letzteren Arbeiten um ein Lustrum älter. Der einzige scheinbar erhebliche Grund, der gegen ihn beigebracht werden konnte, war der, daß er seine Beobachtungen nicht sofort veröffentlichte.

Diesen Grund hat Oken lange nachher, als der große Dichter und Forscher schon 15 Jahre begraben lag, in nicht edler Weise zum Mittelpunkte seiner Vertheidigung und — seines Angriffes gemacht. Aufgereizt durch eine Bemerkung in der Naturphilosophie Hegels, worin dieser angab, Göthe habe Oken seine Abhandlung mitgetheilt

---

[1]) Briefwechsel zwischen Schiller und Göthe. I. S. 200, 206 u. 278. II. S. 391. Vgl. Göthe Sämmtliche Werke. Bd. 27 S. 58, 62 u. 117.

und dieser die Sache als sein Eigenthum ausgekramt¹), vielleicht auch erregt durch die überaus mißgünstige Note Riemer's²), erinnerte Oken daran, daß er sich schon 1836 darüber vertheidigt habe und daß auf der Naturforscher= Versammlung zu Jena sowohl Kieser, als Lichtenstein sich zu seinen Gunsten ausgesprochen hätten. Er erzählte fer= ner, daß er 1807 an Göthe, der damals Curator der Universität gewesen, ein Exemplar seines Programmes ge= sendet habe, worauf ihn dieser eingeladen, in den Oster= ferien 1808 zu ihm nach Weimar zu kommen, was er auch gethan habe. Erst in der Morphologie 1820 I. 2 S. 250 habe Göthe erwähnt, daß er seit dreißig Jahren derartige Beobachtungen fortgesetzt, und erst 1824 Mor= phologie II. 2 S. 122 sei er deutlicher herausgetreten und habe ihn des Plagiats beschuldigt. Da Göthe ihn jedoch „in dem hämischen Angriff nicht benannt, im Grunde auch nicht beschuldigt habe, so schwieg er, zumal da er in Jena wohnte."³)

Gegenwärtig, wo uns der im Text citirte Brief an Herder's Gattin vorliegt, ist die Prioritätsfrage zu Gunsten Göthe's wohl als erledigt anzusehen. Dagegen erfordert es allerdings die Gerechtigkeit, anzuerkennen, daß keine Thatsache be= kannt ist, welche dafür zeugt, daß Oken den Gedanken zuerst von Göthe bekommen habe, während es unzweifel= haft feststeht, daß Oken der erste war, welcher den Ge= danken in wissenschaftlicher Form, wenngleich, wie Göthe

---

¹) Hegel's Werke. Bd. VI. (Naturphilosophie, herausg. von Michelet 1842.) S. 567.

²) Riemer. Briefe von und an Göthe. Leipzig 1846. S. 300.

³) Okens Isis. 1847. S. 557.

in seinem Unmuthe sagt¹), „tumultuarisch" öffentlich entwickelte. Denn es war freilich tumultarisch, als Oken in seinem Programme 1807 gleich im Eingange ausrief: „Der ganze Mensch ist nur ein Wirbelbein."²) Aber noch im Jahre 1806 hatte auch Göthe eine offenbar ganz falsche Vorstellung von dem Verhältniß der Pflanzen- und Thier-Metamorphose zu einander. „Man kann," sagt er bei Riemer³), „die Phalangen (Wirbel im Rücken und sonst) als Knoten ansehen bei den Pflanzen. Wie die Pflanze von Knoten zu Knoten wächst, so die Organisation der Thiere. Die Knochen der Arme und Beine sind auch nichts anderes als größere Knoten oder Phalangen." Eine solche Vergleichung widerstreitet der Entwickelungsgeschichte und hält sich ganz am Aeußerlichen, was Oken nirgend gethan hat.

Uebrigens muß der Gedanke, die Bildung des Schädels in Vergleichung zu der Zusammensetzung der Wirbelsäule zubringen, damals so sehr „in der Luft gelegen" haben, daß es nicht zu verwundern ist, wenn verschiedene Männer unabhängig von einander darauf geführt wurden⁴). So

---

¹) Sämmtliche Werke. Bd. 35 S. 271.
²) Oken. Bedeutung der Schädelknochen. S. 5.
³) A. a. O. S. 299.
⁴) Göthe sagt einmal sehr schön: „Und doch ziehen gewisse Gesinnungen und Gedanken schon in der Luft umher, so daß mehrere sie erfassen können. Inmanet aër sicut anima communis quae omnibus praesto est et qua omnes communicant invicem. Quapropter multi sagaces spiritus ardentes subito ex aëre persentiscunt quod cogitat alter homo. Oder, um weniger mystisch zu reden, gewisse Vorstellungen werden reif durch eine Zeitreihe. Auch in verschiedenen Gärten fallen Früchte zu gleicher Zeit vom Baume." (Sämmtliche Werke. Bd. 40 S. 460.)

erwähnt Ulrich, daß sein Lehrer Kielmeyer den ganzen Kopf als einen Wirbel (caput integrum tanquam vertebram) betrachtet habe und er citirt aus einem Werke von Burdin, einem Schüler Duméril's, vom Jahre 1803 eine ganz ähnliche Stelle¹). Duméril hielt diese Vorstellung auch noch späterhin fest, denn am 15. u. 22. Febr. 1808 entwickelte er dieselbe in einer durchaus wissenschaftlichen Weise in einem Vortrage über die zwischen allen Knochen und Muskeln des Stammes der Thiere stattfindende Analogie²). Allein diese Betrachtung erregte, wie Geoffroy-St. Hilaire erzählt³), den Spott der Akademiker, welche sich zuraunten, der Kopf werde nun der Denkwirbel (vertèbre pensante) sein. Cuvier, obwohl er am Schädel drei Knochengürtel unterschied⁴), wehrte sich lange gegen die neue Theorie, auf welche Blainville⁵) und Geoffroy-St. Hilaire⁶) genauer eingingen. Jeder einzelne dieser Forscher hat sein besonderes Verdienst in der Sache⁷), und wenn noch gegenwärtig die Frage über die Zahl der Schädelwirbel nicht ganz entschieden ist, so

---

¹) Burdin Cours d'études médicales. Paris 1803. p. 16: la tête est elle-même une espèce de vertèbre très-developpée.

²) Magasin encyclopédique par Millin. 1808. III. Reil und Autenrieth. Archiv für die Physiologie. 1809. IX. S. 467.

³) Annales des sciences naturelles. 1824. III. p. 173.

⁴) Cuvier Regne animal. 1817. I. p. 73.

⁵) Bulletin des sciences. 1816. p. 108. 1817. p. 111.

⁶) Annales des sciences nat. 1824. III. p. 173.

⁷) Vgl. Ch. Fr. Martins. Oeuvres d'histoire naturelle de Goethe, comprenant divers mémoires d'anatomie comparée, de botanique et de géologie. Paris et Genève. p. 437.

wird man den ersten Urhebern der Theorie wohl keinen Vorwurf daraus machen können, wenn jeder von ihnen in dem einen oder anderen Punkte geirrt hat.

IX.

Albertus Magnus.

(Zu S. 62.)

Der Gedanke Pouchet's[1], daß Albert der Große die Wirbeltheorie schon gekannt habe, — ein Gedanke, den auch Lewes, freilich ohne das Original nachgesehen zu haben, zuläßt[2], — scheint mir ungegründet zu sein. Allerdings ist es richtig, daß der gelehrte Mönch der Wirbelsäule eine große Bedeutung beilegt, aber nirgends identificirt er sie mit dem Schädelgerüst, und namentlich die von Lewes so betonte Bezeichnung der „Kopfglieder" hat bei ihm eine ganz andere Bedeutung, als bei den heutigen Naturforschern. Ich stelle in Nachstehendem die betreffenden Stellen zusammen, welche sich sämmtlich in dem Thierbuch[3] finden:

Lib. 1 Tract. 2 cap. 11. Et est digressio declarans formam et numerum et utilitatem spondilium colli et dorsi.

---

[1] Pouchet Histoire des sciences natur. au moyen age ou Albert le Grand et son époque. Paris 1853. pag. 269 sq.

[2] Lewes II. pag. 37. Note.

[3] Beati Alberti Magni Ratisb. Episc. Ord. Praedic de animalibus Lib. XXVI. (Operum T. VI.) Lugd. 1651.

pag. 40. Est igitur dorsum via principii nervorum motiuorum, custodia nobilium, fundamentum mollium ossium, et inclinationis et erectionis et status adiutorium.

Spina dorsi est scilicet medium lignum longum in naui cui omnia alia ligna affiguntur: omnia enim ossa corporis aliquo modo mediate vel immediate spinae dorsi affiguntur.

Lib. 1 Tract. 2 cap. 14. Et est digressio declarans de musculis in communi et de musculis capitis et membrorum quae sunt in capite et collo et gutture.

(p. 45.) Videmus moueri in facie septem membra universaliter ab omnibus et a quibusdam 8. quae sunt frons, oculi, palpebrae superiores et maxilla in communitate labiorum et labia sine maxillis et duae inferiores narium extremitates. Mouetur autem et mandibula inferior forti motu.

(p. 96.) Lib. II. Tract. 1 cap. 1. Natura non facit distantia genera, nisi faciat aliquid medium inter ea: quia natura non transit ab extremo in extremum nisi per medium.

Est autem quoddam genus in quo plurima communicant et hoc est animal quadrupes generans animal sibi simile: et quaecunque in hoc genere conueniunt, ex membris quae proportionantur membris animalium habent caput et collum. — In his membris quae sunt in dicto genere, proportionem habent ad capitis membra quae sunt in homine.

(p. 132.) Lib. III. Tract. 2 cap. 1. Spondilia quae sunt fundamenta omnium ossium — et initium eorum est a parte capitis, vbi caput et os capitis cum primo spondili colli coniunguntur. Os autem quod cranium siue testa capitis vocatur, non in omnibus animalibus secundum vnam et eandem est dispositionem.

Letzterer Absatz zeigt ganz deutlich, daß, so großes Gewicht auch Albert der Wirbelsäule beilegte, er sie doch ganz bestimmt von den Schädelknochen scheidet, und was die Kopfglieder anlangt, so wird wohl jede Analogie mit den Extremitäten verwischt sein, wenn man erfährt, daß der gelehrte Bischof die Stirn, die Augen, die Lippen, die Nasenflügel u. s. f. als membra capitis bezeichnet. Ueberdies will ich noch erwähnen, daß an einer anderen Stelle (Lib. I. Tr. 1 cap. 2 p. 3) die Glieder, membra definirt und in ähnliche und unähnliche eingetheilt werden; zu letzteren rechnet Albert Hand, Fuß, Kopf, Rücken, Brust; zu ersteren Fleisch, Knochen, Mark, Nerven, Venen, Chorda, Knorpel. Dies ist also ganz etwas anderes, als wenn man heut zu Tage die Gesichtsknochen in ihrem Verhältnisse zum Schädel Kopfglieder nennt, indem man sie den Extremitäten in ihrem Verhältnisse zur Wirbelsäule vergleicht, — eine Vergleichung, welche Göthe in Beziehung auf den Unterkiefer wirklich anstellt[1], in Beziehung auf Oberkiefer und sonstige Gesichtsknochen aber ablehnt.

Wunderbar klar dagegen ist bei Albert der Satz, daß die Natur nichts ohne Uebergänge, ohne Vermitte-

---

[1] Sämmtliche Werke. Bd. 36 S. 255.

lung thue und daß die Säugethiere als die Mittler zwischen dem Menschen und der übrigen Thierwelt erscheinen.

Ich bemerke, daß Albert, ein geborner Graf von Bollstädt (in Schwaben), zuerst Provincial der deutschen Dominikaner war und in Paris und Cöln lehrte, daß er 1260 Bischof in Regensburg wurde, aber nach drei Jahren sein Amt niederlegte und nach Cöln zurückkehrte, wo er 1289 starb. Er war der Lehrer von Thomas von Aquino und der berühmte Tritheim sagt von ihm in den Annales Hirsaugienses: magnus in magia naturali, major in philosophia, maximus in theologia. Daß jene Zeit einen Mann, der 21 Foliobände über alle Zweige des Wissens von menschlichen und göttlichen Dingen hinterließ, für einen Zauberer hielt, darf wohl nicht in Erstaunen setzen. Doctor Faust hat keine größeren Ansprüche auf solchen Ruhm gehabt.

X.
Kielmeyer und Cuvier.
(Zu S. 64.)

In der Geschichte der Wissenschaften stoßen wir zuweilen auf Gebiete, welche, so nahe sie unserer Zeit liegen, doch so schwierig aufzuklären sind, wie wenn es sich um die frühesten Perioden der Cultur handelte. Die Gelehrten pflegt man nach ihren Werken zu beurtheilen, die sie geschrieben und in den Druck gegeben haben, und bekanntlich wird mancher für einen Gelehrten gehalten, weil viel von ihm Geschriebenes gedruckt worden ist. Aber

selbst in unserer schreibefertigen Zeit giebt es immer noch
Gelehrte, welche keine Handbücher, ja sogar, welche keine
Monographien schreiben, Männer, deren Schüchternheit
oder Bescheidenheit oder Zurückhaltung höchstens bei Ge=
legenheit einer öffentlichen Feierlichkeit oder eines akademi=
schen Ereignisses gebrochen wird, und welche doch, gleich
den Weisen des Alterthums, einen bestimmenden Einfluß
auf die Anschauungen ihrer Zeit ausüben. Zuweilen sind
gerade sie die Lehrer, deren Einfluß so allgemein ist, daß
keiner der Jüngeren sich demselben zu entziehen vermag.
Die Literaturgeschichte aber hat hier jedesmal eine Lücke,
denn erst die Schriften der Schüler entwickeln die Ge=
danken des Meisters, der gleichsam aus der Verborgenheit
wirkt. Nur die Briefe und Aufzeichnungen der Zeitge=
nossen lassen erkennen, wes Geistes der Mann war, und
die Geschichte der Wissenschaft, welche die Entwicklung des
menschlichen Geistes in der Gesetzmäßigkeit und Continui=
tät seines Fortschreitens zu zeigen hat, muß die Lücken
ergänzen, welche die Literatur=Geschichte nicht zu füllen
vermag.

Solch' ein Lehrer war Carl Friedrich Kielmeyer, und
der Jünger, dessen unsterbliche Werke den Ruhm dieses
Meisters preisen, war Georges Cuvier. Göthe hat sich
über beide und ihr Verhältniß zu einander wiederholt
ausgesprochen. Schon in einem Briefe an Herder von
1793 oder 1794 spricht er[1]) von Kielmeyer's Rede über
die Verhältnisse der organischen Kräfte unter einander in
der Reihe der verschiedenen Organisationen, die Gesetze
und Folgen dieser Verhältnisse. (Gedruckt Tübingen 1793.)
Im Jahre 1797 sah er ihn selbst in Tübingen. Göthe's

---

[1]) Aus Herder's Nachlaß. Bd. I. S. 145.

Tagebuch enthält folgende Notiz: „Früh mit Professor Kielmeyer, der mich besuchte, verschiedenes über Anatomie und Physiologie organischer Naturen durchgesprochen. Sein Programm zum Behuf seiner Vorlesungen wird ehestens gedruckt werden. Er trug mir seine Gedanken vor, wie er die Gesetze der organischen Natur an allgemeine physische Gesetze anzuknüpfen geneigt sey, z. B. der Polarität, der wechselseitigen Stimmung und Correlation der Extreme, der Ausdehnungskraft expansibler Flüssigkeiten. Er zeigte mir meisterhafte naturhistorische und anatomische Zeichnungen, die nur des leichteren Verständnisses halber in Briefe eingezeichnet waren, von George Cuvier, von Mümpelgard, der gegenwärtig Professor der vergleichenden Anatomie am National-Institut in Paris ist. Wir sprachen verschiedenes über seine Studien, Lebensweise und Arbeiten. Er scheint durch seine Gemüthsart und seine Lage nicht der völligen Freiheit zu genießen, die einem Manne von seinen Talenten zu wünschen wäre. — Ueber die Idee, daß die höheren organischen Naturen in ihrer Entwicklung einige Stufen vorwärts machen, auf denen die anderen hinter ihnen zurückbleiben. Ueber die wichtige Betrachtung der Häutung, der Anastomosen, des Systems der blinden Därme, der simultanen und successiven Entwicklung."[1]

Wie viele Gedanken sind hier angeregt, welche Göthe's schöpferischer Geist später entwickelte! und wie sonderbar, daß es Göthe war, der sie aufnahm, und nicht Schiller, der doch viel leichter dazu hätte gelangen können! Denn Kielmeyer, obwohl sechs Jahre jünger als Schiller, war doch in demselben Jahre mit ihm, 1773, in die

---

[1] Sämmtliche Werke. Bd. 26 S. 97.

Carls-Akademie, die damals noch auf der Solitude war, aufgenommen; auch er war Mediciner geworden, und hatte dieselben Lehrer gehabt, wie Schiller, aber er blieb der einmal gewählten Wissenschaft treu und 1806 widmete ihm, „dem ersten Physiologen Deutschlands", Alexander von Humboldt seine Beobachtungen aus der Zoologie und vergleichenden Anatomie[1]). Noch zur Zeit, als ich studirte, wurden Kielmeyer's Lehrsätze, obwohl sie fast nur traditionell von Mund zu Mund fortgepflanzt waren, in den Vorlesungen über Physiologie angeführt: so tief und nachhaltig war sein Einfluß.

„Georg Leopold Cuvier, geboren 1769 in dem damals noch würtembergischen Mömpelgard; er gewinnt hiebei genauere Kenntniß der deutschen Sprache und Literatur; seine entschiedene Neigung zur Naturgeschichte giebt ihm ein Verhältniß zu dem trefflichen Kielmeyer, welches auch nachher aus der Ferne fortgesetzt wird. Wir erinnern uns im Jahre 1797 frühere Briefe Cuvier's an den genannten Naturforscher gesehen zu haben, merkwürdig durch die in den Text charakteristisch und meisterhaft eingezeichneten Anatomien von durchforschten niederen Organisationen."

So schrieb Göthe[2]) im September 1830. Ich füge zur weiteren Erläuterung bei, daß Cuvier, 14 Jahre alt, 1784 in die Carlsakademie aufgenommen wurde und daselbst bis 1788 blieb, also noch zum Theil Kielmeyer's

---

[1]) A. Moll. Die medicinische Facultät der Carlsakademie in Stuttgart. (Aus dem Würtemb. Medic. Correspondenzbl.) Stuttg. 1859. S. 17. Vergl. R. Wagner in Sömmerring's Leben S. 164. und G. Jäger in den Acta acad. Caes. Leop. Carol. Vol. XXI. p. 11.

[2]) Sämmtliche Werke. Bd. 40. S. 496.

Mitschüler war. Auch hat er nicht unmittelbar bei diesem Vorlesungen gehört, was jedoch nicht hinderte, daß er selbst erklärte: er werde Kielmeyer immer als seinen Lehrer betrachten und sein Genie bewundern wie kein anderer. In der Vorrede zu seiner vergleichenden Anatomie sagt er: Kielmeyer habe ihm die Daten an die Hand gegeben, von welchen er ausgegangen sei[1]). Und so spricht sich auch Johannes Müller aus: „Die Deutschen dürfen es sich stolz sagen, daß Kielmeyer es war, der die vergleichende Anatomie von dieser ihrer innerlichen Seite zuerst erkannte. Er, der sie ins Leben gerufen, hat ihr auch diese geistige Bestimmung mitgegeben. Darauf hat Cuvier die Organe durch die Thierreihe in ihrer leiblichen Metamorphose verfolgt"[2]).

[1]) Moll a. a. O. S. 18. 38.
[2]) Müller. Zur vergleichenden Physiologie des Gesichtssinnes. Leipzig 1826. S. 29. Vergl. meine Gedächtnißrede auf Joh. Müller. S. 6.